Erhard Bendig · Walter E. Keller

Bootwandern auf der Altmühl

Von Ornbau bis Kelheim

Das Neue Fränkische Seenland

NATURPARK ALTMÜHLTAL

Verlag Walter E. Keller

Titelfoto: Altmühl-Altwasser bei Essing mit der Ruine Randeck

Erhard Bendig ist Lehrer in Treuchtlingen sowie begeisterter Segler und Kanufahrer. Die Altmühl hat er vielfach befahren, unter anderem auch mit Schulklassen; er ist dadurch zum intimen Kenner des Gewässers geworden.

Walter E. Keller ist Journalist, Autor und Verleger in Treuchtlingen. Über den Naturpark Altmühltal und das Fränkische Seenland hat er zahlreiche Standardwerke veröffentlicht.

Die Deutsche Bibliothek – CIP-Einheitsaufnahme

Bendig, Erhard:
Bootwandern auf der Altmühl: von Ornbau
bis Kelheim / Erhard Bendig / Walter E. Keller –
Treuchtlingen : Keller, 1987
(Reihe Gelbe Taschenbuch-Führer
(Das Neue Fränkische Seenland) (Naturpark Altmühltal)
ISBN 3-924828-13-X

NE: Keller, Walter E.:

6. überarbeitete Auflage 1997

Fotos: Keller (14), Gebietsausschuß Naturpark Altmühltal (3 und Titelbild), Bendig (2), Mang (2)
Lithos: e + r Repro GmbH, Donauwörth
Druck: W. Lühker GmbH, Weißenburg
Printed in Germany, 16. – 18. Tausend

Gedruckt auf Recycling-Papier

Inhalt

Die Flußfahrt genießen

Heute einen Bootwanderführer für die Altmühl zu schreiben, kommt auf den ersten Blick einem Anachronismus gleich. In einer Zeit der großen Naturbelastungen und Naturzerstörungen – auch durch einen zunehmenden Freizeittourismus – mutet es geradezu widersprüchlich an, Anreiz zu geben zu einem vermehrten Besuch einer in weiten Bereichen immer noch stillen, besonders reizvollen Landschaft.
Das gilt weniger für den Bereich des Altmühlsees, der zum großen Fremdenverkehrsgebiet des Fränkischen Seenlandes gehört, vielmehr für den angrenzenden Naturpark Altmühltal (Südliche Frankenalb). Dieser größte deutsche Naturpark wird von Gunzenhausen bis Kelheim von der Altmühl als seiner Achse und touristischen Lebensader durchzogen. Die Eigenart der Landschaft zu erhalten, aber sie dennoch für Erholung und Fremdenverkehr zu erschließen, ist Aufgabe des 1969 gegründeten Vereins „Naturpark Altmühltal (Südliche Frankenalb) e.V." sowie des Gebietsausschusses Altmühltal im Fremdenverkehrsverband Franken.
Durch diese Träger entsprechend entwickelt und gepflegt, erhielt der Naturpark einerseits jene Förderungen und Touristik-Einrichtungen, ohne die ein Fremdenverkehrsgebiet nicht auszukommen scheint. Andererseits ist mehr als die Hälfte der Naturparkfläche von rund 3000 Quadratkilometern zur Schutzzone (= Landschaftsschutzgebiet) erklärt. Daneben gibt es auch Naturschutzgebiete, Naturdenkmale und andere geschützte Landschaftsbestandteile. Daß Naturschutzgebiete, Vogelschutz- und Brutgebiete sowie neue Biotope nicht gleichzeitig Tummelplätze für erholungssuchende Menschen sein können, ist heute selbstverständlich und leuchtet auch hartgesottenen Wassersportlern ein.
Die lebenswichtige Aufgabe, Natur- und Umweltschutz darüber hinaus auch in den „Freiräumen" außerhalb der Schutzgebiete praktizieren zu müssen, hat die Wassersportler zwischen mehrere Fronten geraten lassen. Freizeitindustrie, Sportverbände und Krankenkassen legen den Menschen ständig nahe, daß sie es ihrer Gesundheit schuldig seien, sich in der Natur zu bewe-

gen. Fremdenverkehrsverbände und Kommunen werben mit verlockenden Freizeitangeboten. Ihnen ist der Wassersportler allerdings dann ein Dorn im Auge, sobald er sich nicht der vorgegebenen (gebührenpflichtigen) Einrichtungen bedient. Weil der Wassersport aber mit kräftigen Zuwachsraten aufwarten kann und die Gewässer entsprechend stark frequentiert werden, kommt es zu immer neuen Regelungen, die den „Spielraum“ weiter einengen.
So schreibt die Bayerische Schiffahrtsordnung mittlerweile vor, welche Abstände zu See- und Flußufern einzuhalten sind, welche Uferbereiche überhaupt nicht befahren werden dürfen, daß Altwasser und Altwasser-Rinnen für den Bootssport tabu sind. Viele Behörden verhängen Anker-, Übernachtungs- und Nachtfahrverbote. Fischer, die einen See oder Flußabschnitt regelrecht pachten können, beklagen die Störung und Vertreibung der Fische durch Wassersportler – und damit sogar einen wirtschaftlichen Nutzungsausfall.
Einigen Naturschützern, denen die Angler und Kanufahrer gleichermaßen suspekt sind, gehen die Einschränkungen nicht weit genug. Sie fürchten um jeden Sonderstandort, jede seltene und gefährdete Tier- und Pflanzenart. Für sie ist die Benutzung der Gewässer eine Naturgefährdung schlechthin. Naturschutzverbände haben „10 Goldene Regeln für das Verhalten von Wassersportlern in der Natur“ herausgebracht, mit denen das Schlimmste verhindert werden soll. Sie sind auszugsweise, soweit sie Flußwanderer betreffen, im Anhang abgedruckt.
Naturschutzbehörden und Verbände denken einerseits bereits daran, ganze Flußläufe zu bestimmten Jahreszeiten für den Bootssport zu sperren wie zum Beispiel die Wiesent in der Fränkischen Schweiz. Andererseits beklagen sie mangelndes Umweltbewußtsein und Naturverständnis in den Reihen der Erholungssuchenden. Da stellt sich dann schon die Frage, ob es richtig ist, daß Menschen grundsätzlich aus Teilbereichen der freien Landschaft ausgesperrt werden.
Sollen sie auf praktische und emotionale Erfahrungen im Umgang mit der Natur verzichten? Sollen sie nur aus zweiter Hand, von Fotografen, Berichterstattern, Wissenschaftlern oder Naturschutzverbänden und -behörden erfahren, wie schön die Landschaft, die Natur wirklich ist? Wer sich für die Erhaltung einer

immer noch reizvollen Flußlandschaft einsetzen soll, dem muß die Möglichkeit bleiben, sie mit all ihren Besonderheiten, Problemen und Schönheiten kennenzulernen.
Einen Fluß zu befahren, heißt, den ältesten Wegen der Geschichte zu folgen. Eine Flußlandschaft – oft in mehreren erdgeschichtlichen Epochen geformt – ist einem ständigen Wandel unterworfen. Für die Betrachtung der wechselvollen Geschichte, ihrer Prägung durch die Menschen, gilt der Spruch: „Der Zustand von heute sind die gestrigen Sorgen, die Taten von heute die Sorgen von morgen."
Dieser Flußwanderführer ist daher für Bootwanderer gedacht, die eine Flußfahrt genießen wollen und dabei Zeit und Muße haben, die Vielfalt der Landschaft zu entdecken, den Spuren der Geschichte zu folgen und auch dem Pulsschlag unserer Zeit zu lauschen.

Bootwandern auf der Altmühl bei Treuchtlingen

Die Altmühl und ihr Tal

Die Altmühl, ein linker Nebenfluß der Donau, ist mit ihren über 200 Kilometern der einzige längere Wasserlauf Deutschlands, der in der Grundrichtung nach Südosten fließt. Ihre Quelle am Hornauer Weiher liegt etwa 430 Meter über dem Meeresspiegel, die Mündung in die Donau bei Kelheim nur knapp 100 Meter tiefer. Das Gefälle also ist äußerst gering, die Wasserführung an der Mündung schwankt zwischen 7 und 111 Kubikmetern pro Sekunde. Darauf bezieht sich auch eine mögliche Deutung für den ältesten überlieferten Namen des Flusses: „Alcmona" ist keltischen Ursprungs und bezeichnet ein langsam, ruhig fließendes Gewässer.

Beschaulich und in vielen Windungen spaziert der Fluß heute in seiner Talbreite hin und her. Dieser gefälle-ärmste und langsamste Fluß Bayerns war indessen nie arbeitsträge, trieb er doch früher eine Vielzahl von Mühlen an. Auffallend jedoch ist, daß dieses zahme Gewässer in seinem Mittel- und Unterlauf von felsigen Talwänden (Hochufern) begleitet wird, die eine Höhe von 60 bis 80 Metern erreichen. Man könnte daraus schließen, daß der Fluß einst viel mächtiger gewesen sein muß. Allein – so einfach ist die Flußgeschichte der Altmühl nicht: Auf ihrem Weg von der windumwehten Frankenhöhe bis zur kanalisierten Mündung in die Donau benutzt die Altmühl nicht nur ihr eigenes Flußbett. So verdanken gerade jene vielbewunderten, romantischen Talstrecken ihre Entstehung nicht jenem Fluß, dessen Namen sie so stolz tragen, sondern dem Ur-Main, hauptsächlich aber der Ur-Donau, die einst den Jura durchschnitt.

Im Oberlauf fließt die Altmühl zunächst durch die flachhügelige Keuperlandschaft der Frankenhöhe, dann durchquert sie fruchtbares Wiesen- und Ackerland von wenig ausgeprägtem Talcharakter. Hier erweist sie sich als schlammführendes Gewässer, das sich – mehrfach in viele Seitenarme aufgeteilt – an ländlichen Siedlungen mit hochgiebeligen Fachwerkhäusern vorbeischlängelt.

Wo heute noch weite Feuchtwiesen die Flußufer säumen, gab es ursprünglich schwer passierbare Auwälder, die bereits in der

Steinzeit durch Schaf- und Ziegenherden allmählich kahlgefressen wurden. Seit dem Mittelalter vollends ihres Baumbestandes beraubt, wurden sie zu Naßwiesen, die dann ihrerseits weitgehend der perfekten Kultivierung (Trockenlegung) zum Opfer fielen. Früher durchzog die Altmühl weite Sumpfgebiete.
Hier in der weiten Tallandschaft trat die Altmühl fast in jedem Frühjahr und Herbst über ihre Ufer und brachte damit Schlamm und fruchtbare Erde auf die anliegenden Gründe. Blieb die Überflutung aus, war auch die Heuernte mager. Traten aber die Hochwässer zu ungünstigen Jahreszeiten auf, richteten sie Schäden an, besonders an den Ackerflächen. Anfang des Jahrhunderts glaubte man, den unberechenbaren Fluß und seine Wasserführung regulieren zu müssen. Während die Flußbegradigungen Landschaft und Landkarte prägen, stehen die Wehre im Oberlauf, ihrer eigentlichen Funktion enthoben, seit langem offen.
In vergangenen Zeiten war die Altmühl wegen ihres Reichtums an Fischen und Krebsen bekannt. Der Krebsbesatz ist wohl größtenteils der mörderischen Krebspest im Jahr 1880 zum Opfer gefallen. Fischsterben hat es in der jüngsten Vergangenheit mehrfach gegeben. Als Ursache wurde jedesmal eine Überfrachtung mit Fäulnisstoffen angenommen, die durch zurückgehende Sommerhochwässer in den Fluß gelangten.
Wer die Altmühl in den letzten Jahren im Sommer befahren hat, weiß, mit welchen neuen Problemen der Fluß kämpfen muß. Was die Wasserqualität einst beeinträchtigte, war die Verkrautung, hervorgerufen durch die jahrelange Überfrachtung mit Phosphat (überwiegend aus Waschmitteln) und Nitrat (aus überdüngten Landwirtschaftsflächen). Das Unterwasserkraut behinderte nicht nur die Flußfahrt bei Niedrigwasser im Sommer. Es mußte zudem regelmäßg gemäht und entfernt werden. Die Zersetzung der absterbenden Pflanzen durch Bakterien hätte im Herbst sonst zu einem Sauerstoffmangel geführt. Litt der Fluß erst unter Sauerstoffmangel, so blieben noch abbaubare organische Verbindungen zurück, z. B. Methan und Schwefelwasserstoff, der Fluß „stank“ im Herbst und drohte „umzukippen“.
Heute leidet der Fluß streckenweise unter besorgniserregendem Artenschwund – bei den Tieren wie bei den Pflanzen. Dar-

über können auch die stellenweise ansehnliche Ufervegetation mit Sumpfschwertlilien, Blutweiderich und Weidenröschen sowie die Schwimmblattfelder mit Teichrosen, Pfeilkraut und Hornblattgewächsen nicht hinwegtäuschen. Ständig steigendes Klärwasseraufkommen und anhaltender Eintrag von Totalherbiziden führen – verstärkt durch Entnahme und Überleitung von Altmühlwasser nach Nordbayern – zur Schlickbildung und Gewässergüte-Verschlechterung, die mit den üblichen Bewertungskriterien (Fließgewässer-Güteklasse II bis III) nicht erfaßt wurde.
Mit dem Bau des Main-Donau-Kanals und die wasserwirtschaftlich damit in Verbindung stehenden Ausgleichs- und Speicherseen des Fränkischen Seenlandes hat sich auch die Landschaft des oberen Altmühltals gewandelt. Die neugeschaffenen Seen – der Altmühlsee, der Brombachsee mit seinen bereits fertigen Vorsperren Kleiner Brombachsee und Igelsbachsee – sind Anziehungspunkte für Naherholung und Fremdenverkehr geworden. Das Seenland verleiht damit sowohl der Wirtschaft wie auch dem Wassersport neue Impulse.
Der zwischen Ornbau und Gunzenhausen entstandene Altmühlsee soll die schadbringenden Sommerhochwasser speichern und über die europäische Hauptwasserscheide hinweg in den Brombachspeicher abgeben. Von dort können sie in das wasserärmere Regnitz-Main-Gebiet entlassen werden. Der Altmühlsee, dessen ringförmiger Hochdamm eine Wasserfläche von 450 Hektar einschließt, erhält seinen Zufluß über einen fünf Kilometer langen und 60 Meter breiten neuen Altmühlarm, der bei Ornbau beginnt, sowie aus dem teilweise kanalisierten Nesselbach. Eine durch eine Bojenkette abgesperrte Flachwasser- und Inselzone ist den gefährdeten Vogelarten als Rückzugsgebiet überlassen.
Der Mittellauf der Altmühl beginnt in etwa dort, wo die Sprachgrenze zwischen dem Fränkischen, dem Schwäbischen und dem Bayerischen mit der Landschaftsscheide zwischen der tiefbraunen Ackerkrume des Keuperlandes und dem mageren, mit Steinen übersäten Boden des Juras zusammenfällt. Was dem Altmühltal etwa ab Treuchtlingen an landwirtschaftlicher Nutzbarkeit verlorengeht, wird reichlich durch den Gewinn an landschaftlichen Reizen wettgemacht. Bei Treuchtlingen beginnt mit

dem Durchbruchstal durch den Fränkischen Jura die romantische Strecke des Flußlaufs. Hier legte sich die Altmühl zunächst einmal in das vom Ur-Main vorgeprägte Flußbett. Zeugenberge und geologische Untersuchungen in der Treuchtlinger Bucht lassen noch erkennen, daß der Ur-Main – einst in Nord-Süd-Richtung zur Donau fließend – der Wegbereiter der späteren Altmühl war.
Ab Dollnstein flußabwärts gehörte das heutige Altmühltal hingegen früher der Donau. Vor der Riß-Eiszeit – vor etwa 240 000 Jahren – floß die Donau von Stepperg aus nach Norden durch das jetzige Wellheimer Trockental, bog im Raum Dollnstein nach Osten ab und zeichnete so bis Kelheim den Lauf der Altmühl in einem für sie viel zu breiten Bett vor. Ein weites, wuchtiges Tal aushobelnd, bahnte sie sich den Weg durch den Fränkischen Jura, der sich in Jahrmillionen aus kalkhaltigen Teilen der im Jurameer abgestorbenen Korallen, Schwämme, Algen, Muscheln und Schnecken sowie dem ausgefällten Kalkspat des Meerwassers gebildet hatte. Später, vor etwa 135 000 Jahren, durchbrach die Donau den Albsporn bei Stepperg und die Weltenburger Enge. Ihr altes Flußbett zwischen Dollnstein und Kelheim überließ sie der Altmühl.
Im Mittel- und Unterlauf ruht die Talsohle der Altmühl im Oberen Schwammkalk des Mittleren Weißjuras. Die Talwände bestehen hauptsächlich aus Frankendolomit, ihre oberen Ränder teilweise aus Plattenkalk (Solnhofener Schicht). Die Hänge zeigen Felsgebilde wunderlichster Art und Gestaltung. Bald sind die steil aufragenden Felswände zerklüftet und rissig, bald wie stumpfe Riffe, bald haben sie Vorsprünge wie ruinenartige Felswarten.
Gesteinsaufschlüsse, die für Fossiliensammler und Hobbygeologen wahre Fundgruben sind, gestatten einen Blick in die Erdgeschiche. Steile Wände, Felsformationen und verwitternde Gesteinsmassen bilden die kargen Standorte für Pflanzen, die hier eindrucksvoll ihre Reize und ihren Lebenswillen offenbaren. Sträucher und baumbestandene Felsvorsprünge vermitteln den Eindruck von hängenden Gärten. Selbst die Verwitterung kann – von Überwachsung und Bemoosung begleitet – einer grauen Umgebung noch malerische Details hinzufügen.
Weithin leuchten die hellen Abraumhalden der Steinbrüche aus den Talhängen hervor. Die Naturstein-Industrie bricht Steine für

den Straßen-, Eisenbahn- und Wasserbau; die Naturwerkstein-Industrie verarbeitet den Stein für die Innen- und Außenarchitektur sowie die Bildhauerei.
Steinbrüche mit ihren Felswänden, Vorsprüngen und Simsen bieten Uhu, Wander- und Turmfalke, Steinkauz, Dohle, Steinrötel, Mauersegler, Garten- und Hausrotschwanz, Kohl-, Tannen- und Blaumeise gute Nistmöglichkeiten. Manche Fledermausarten finden hier ein Winterquartier. Ausgebeutete und stillgelegte Steinbrüche werden im Lauf der Zeit von Pflanzen und Tieren wieder besiedelt, die häufig zu den vom Aussterben bedrohten Arten gehören. Es gibt auch Bemühungen, Steinbrüche unter Schutz zu stellen.
Zwischen Treuchtlingen und Eichstätt findet sich die am stärksten von der Steinbruchindustrie geprägte Landschaft Deutschlands. Dem Altmühltal hat das bisher keinen Abbruch getan; im Gegenteil, erlangte es doch durch den Juramarmor und die Solnhofener Plattenkalke mit ihren Versteinerungen weltweite Bekanntheit.
Neben den Steinbruchhalden, die teilweise begrünt, aber auch der natürlichen Wiederbewachsung überlassen werden, fallen die malerischen Wacholderheiden und Trockenrasen auf, die sich vom Talgrund bis zur Hochfläche hinaufziehen. Diese Steppenheiden sind die botanischen Kostbarkeiten des Altmühltals. Teilweise zu Naturschutzgebieten erklärt, werden sie gelegentlich wieder – wie früher – durch Schaftrieb beweidet und damit gepflegt und erhalten. Ansonsten müssen die Heideflächen durch Menschenhand von störendem Bewuchs befreit werden, weil diese eigentümliche Flora sonst durch den aufkommenden Wald verdrängt würde.
Zahlreiche Trockentäler verbinden die verkarsteten Hochflächen mit dem tief eingeschnittenen Altmühltal. Diese Hochflächen der Südlichen Frankenalb stellen mit ihren lehmigen Verwitterungsböden halbwegs ertragreiche Ackerflächen dar. In früheren Zeiten nannte man sie auch „Zisternenland“, weil die Bewohner fast nur Regen- oder Traufwasser in sogenannten „Hüllen“ (Auffangbrunnen) zur Verfügung hatten. Das Grundwasser nämlich versickert im leicht löslichen Kalkuntergrund, wo es unzählige Klüfte, Höhlen und unterirdische Wasserläufe bildet. Am Fuß

der Hänge sprudelt es vielerorts aus reichlich spendenden Karstquellen hervor.
Die sich vom Boot aus ständig verändernden Kulissen der Jurawände und Talwindungen schaffen stets neue Bilder. Eingestreut liegen kleine Dörfer und anheimelnde Städtchen. Mancher Ort steht auf römischen Fundamenten oder in der Nähe vorgeschichtlicher Siedlungsspuren. Unter diesen nehmen die Felshöhlen einen besondern Platz ein. Sie sind wahre Schatzkammern; die Funde aus ihnen bereichern die Museen und belegen eindrucksvoll, daß das Altmühltal schon in frühester Zeit besiedelt war.
Zu den Zeugen aus historischer Zeit zählen vor allem die römischen Reste von Kastellen, Gutshöfen und der mächtigen Limes-Mauer. („Die Römer am Limes“ ist ein eigener Titel in der Reihe der Gelben Taschenbuch-Führer.) Unübersehbar sind die vielen Kulturdenkmäler aus dem Mittelalter. Neben den zahllosen Burgen, Schlössern und Ruinen solcher Herrensitze kommt auch den Kirchbauten im Altmühltal besondere Bedeutung zu.
Das Altmühltal ist aber nicht nur von siedlungshistorischen Zeugnissen gekennzeichnet, es hat auch verkehrshistorische Bedeutung. Obwohl die Altmühl an sich nicht schiffbar ist, wurde sie im Lauf der Geschichte nun schon dreimal in ein nach Südosten ausgerichtetes Wasserstraßennetz einbezogen. Der erste Versuch, die Altmühl durch ein Staudamm- und Grabenprojekt bei Treuchtlingen mit der Schwäbischen Rezat und dadurch mit dem Gewässersystem von Main und Rhein zu verbinden, wurde von den Baumeistern Karls des Großen im Jahr 793 unternommen.
König Ludwig I. von Bayern nahm 1834 diesen Plan wieder auf, wenn auch an anderer Stelle. Nach zehnjähriger Bauzeit wurde der 12 Meter breite und 1,5 Meter tiefe Ludwig-Donau-Main-Kanal eröffnet. Er benutzte das Flußbett der Altmühl von Dietfurt i. d. OPf. bis Kelheim. Dieser im Zeitalter der Eisenbahn zu klein dimensionierte Kanal erwies sich schon bald als unwirtschaftlich. Darum wurde der dritte Kanal projektiert.
Der neue Main-Donau-Kanal (Europa-Kanal) – mindestens 55 Meter breit und mindestens vier Meter tief, im Altmühltal mit Schleusen von 8,4 Metern Hubhöhe – erreicht das Tal fast an der selben Stelle wie der Ludwigskanal.

Der Main-Donau-Kanal hat zwei Funktionen zu übernehmen: Er dient zum einen der europäischen Binnenschiffahrt und zum anderen der Überleitung von Altmühl- und Donauwasser in das Regnitz-Main-Gebiet. Der Kanal erhielt für die letztgenannte Aufgabe an jeder Schleuse südlich der Scheitelhaltung – so auch an den Schleusen Dietfurt, Riedenburg und Kelheim – je fünf Pumpen mit einer Gesamtleistung von 35 Kubikmetern pro Sekunde. Falls diese für Nordbayern wichtige Wasserüberleitung wegen Niedrigwasser der Donau oder einer Betriebsstörung eingestellt werden muß, fließt das zusätzliche Wasser für Nordbayern aus dem Brombachspeicher-System über. Der Brombachsee erhält sein Wasser hauptsächlich aus dem Altmühlsee und damit aus der Altmühl und ihren Zuflüssen. Inwieweit die Überleitung auch Auswirkungen auf die Wasserführung der Altmühl und damit auf die Befahrbarkeit des Flusses haben wird, kann sich erst Ende des Jahrhunderts nach der völligen Flutung der Brombach-Hauptsperre erweisen.
Die Charaktermerkmale der Altmühllandschaft im Unterlauf des Flusses sind auch nach der Kanalisierung im wesentlichen erhalten geblieben. Zu wünschen ist es dem Altmühltal, daß es seinen Reiz und seine Romantik behält, auch wenn der Verkehr auf dem Kanal mit Fracht- und Fahrgastschiffen sowie Motorbooten zunimmt. Der geschichtsträchtigen Landschaft mit den Höhlen, Burgen und Schlössern, ja selbst der Gastlichkeit sollte der Kanal keinen Abbruch tun – es sei denn, die Wasserstraße wandelt sich im Lauf der Zeit zu einer Industriegasse.
Im unteren Altmühltal ist der Kanal seit 1991 durchgehend befahrbar; am 25. September 1992 wurde der Main-Donau-Kanal in seiner gesamten Länge für die Schiffahrt eröffnet. Wer die Wasserstraße im Altmühltal befährt, dürfte beeindruckt davon sein, mit welchen Mitteln und mit wieviel Aufwand die Landschaftsplaner und Wasserbauer eine möglichst naturnahe „Flußlandschaft“ wiederhergestellt haben. Unter Einbeziehung der verbliebenen Rest-Altmühl und ihrer ehemaligen Altwasser sowie Abschnitten des alten Ludwigskanals sind neue Biotope als Flachwasserzonen und Feuchtstandorte geschaffen worden. Hier haben sich stellenweise sogar Pflanzenarten angesiedelt, die auf der „Roten Liste“ der vom Aussterben bedrohten Arten stehen. Diese für den Bootsverkehr gesperrten Wasser- und

Feuchtbiotope tragen dazu bei, den bisherigen Artenreichtum an Pflanzen, Vögeln, Insekten und Amphibien zumindest in diesen sogenannten Ausgleichsflächen zu erhalten. Der Kanalbau verursachte dennoch weit größere Verluste, als sie durch solche „Ausgleichsmaßnahmen" wieder gut gemacht werden.
Der freie Rundumblick in die Landschaft bleibt den Wasserwanderern hinter den Schleusen – aufgrund des tief liegenden Kanals – zeitweilig verwehrt. Die das Ufer schützenden Steine erzwingen bei Wellenschlag zudem einen gewissen Sicherheitsabstand für empfindliche Boote. Der Kanal (im Altmühltal von Dietfurt-Töging bis Kelheim) ist Bundeswasserstraße. Das bedeutet: Auch alle Kleinfahrzeuge (Boote) brauchen ein amtliches Kennzeichen. Es muß bei den Wasser- und Schiffahrtsämtern beantragt werden.

Personenschiff unterhalb der Burg Prunn

Ganzjähriges Zahmwasser

Die Altmühl gilt unter Kanufahrern als Zahmwasser, dessen Strömungsverlauf ohne jede Schwierigkeit ist. Von den über 200 Kilometern sind 170 Kilometer eigentlich ganzjährig mit Booten befahrbar. Die vorhandenen Kilometer-Angaben sind veraltet. Sie wurden dennoch übernommen, weil eine Neuvermessung aussteht. Bei der folgenden Streckenbeschreibung stehen sie in Klammern. Sie schließt den Unterlauf der Altmühl von Dietfurt i. d. OPf. bis Kelheim (Main-Donau-Kanal) mit ein.

Für eine genußreiche Fahrt von Ornbau bis Kelheim sollten mindestens sieben Tage eingeplant werden. Wird in Gruppen gefahren, sind 24 Kilometer ohnehin das Tagesmaximum. Die schönsten Tagesstrecken liegen wohl zwischen Treuchtlingen und Eichstätt sowie Riedenburg und Kelheim. Für die Rückbeförderung von Personen kann zwischen Gunzenhausen und Eichstätt oder von Kelheim aus die Eisenbahn benutzt werden; in Kelheim liegt der Bahnhof in Saal (4 km außerhalb, Busverbindung). Nach Busverbindungen im Altmühltal sollte man sich vorher genau erkundigen.

Einige Bootsverleiher bieten neben dem Boots- auch einen Personenrückholdienst an. Übernachten kann man auf den Bootsrastplätzen mit Zeltmöglichkeit, den Campingplätzen und in vielen Gasthöfen entlang der Altmühl. Die Adressen der Fremdenverkehrsämter finden sich bei den jeweiligen Ortsbeschreibungen.

Wer das Altmühltal von seiner urspünglichen Seite her kennenlernen möchte, der muß es auch weiterhin aus der Flußperspektive erleben, die Eindrücke aus und mit dem Boot „erfahren“.

Von Ornbau bis zum Altmühlsee

Ab **Ornbau** (168), einem malerischen kleinen Städtchen mit Türmen und Mauern, bietet die Altmühl Kanufahrern eine Bootwanderstrecke, die ganzjährig auch mit mehrsitzigen Canadiern befahren werden kann. Allerdings hat sich seit dem Bau des Altmühlsees im Oberlauf der Altmühl einiges geändert – besonders für die Wassersportler.

Bevor die Altmühl von Westen kommend Ornbau erreicht, zweigt rechts der Altmühl-Zuleiter ab; dieser kanalähnliche neue Altmühlarm versorgt den Altmühlsee mit dem Wasser des Flusses. Südlich von Ornbau an der Straße nach Arberg kann man unter der Brücke (keine Bootstreppen!) vom Südufer des Zuleiters einsetzen. Am Nordufer gibt es Wirbel und Trichter mit Sogwirkung. Parkplätze stehen auf der Ostseite der Wehranlage zur Verfügung.

Wer wie in früheren Jahren auf der „echten" Altmühl bis Gunzenhausen weiterfahren wollte, müßte an dieser Stelle gleich hinter dem neuen Wehr einsetzen. Diese Strecke kann aber nicht mehr guten Gewissens empfohlen werden. Dennoch wird auf sie später noch eingegangen.

Die neue Bootwanderstrecke folgt dem sogenannten Altmühlzuleiter. Sie führt vorbei an den Freizeitanlagen Gern – die links hinter einer Insel liegt – und Mörsach (jeweils mit Badestrand, Kiosk, Bootsrastplatz). Nach den Brücken bei Gern und Mörsach wird etwa einen Kilometer unterhalb von Mörsach eine weitere Brücke erreicht; darunter befindet sich ein Wehr, das nicht überfahren werden darf. Rote Bojen sperren den Brückenbereich beidseitig ab. Breite Bootstreppen auf der rechten Seite gestatten jedoch ein bequemes Umtragen.

Nach dem Wiedereinsetzen befindet sich die Kanufahrer schon fast im **Altmühlsee** (163). Das erste Teilstück des Sees darf nur von „Paddelbooten" und Schwimmern benutzt werden. Linker Hand markiert eine gelbe Bojenkette den Beginn eines Schutzstreifens, der die Flachwasser- und Inselzone rundherum umgibt. In diesen Bereich dürfen selbst Paddler und Schwimmer nicht hinein, damit die Tiere auf der sogenannten „Vogelinsel" ungestört bleiben.

Ornbau aus der Luft

Marktplatz von Gunzenhausen

Am rechten Ufer liegt die Ortschaft **Wald**. Das Schloß in Wald, 1730 erbaut, erhebt sich an jener Stelle, an der im 14. Jahrhundert die Burg des berüchtigten Raubritters Ekkelein (Eppelein) von Gailingen stand. Auf der Höhe dieses Schlößchens – die Vogelinsel bleibt links zurück – quert man eine rote Bojenkette. Mit ihr beginnt der Teil des Sees, auf dem Wasserfahrzeuge aller Art fahren dürfen: Motorboote der Polizei, der Wasserwacht und vom Zweckverband Altmühlsee, Segelboote, Surfbretter, Kanus, Ruder- und Tretboote. Dem mit Blinklicht arbeitendem Unterwasser-Mähboot sollte großräumig ausgewichen werden, ebenso dem Personenschiff „Gunzenhausen“, insbesondere in der Nähe der gekennzeichneten Anlegestellen.
Im Altmühlsee gilt die Bayerische Schiffahrtsordnung von 1977. Danach ist jede Gewässerverunreinigung, auch das Waschen von Booten mit Waschmitteln, verboten; Bestände von Wasserpflanzen in flachen Uferzonen dürfen nicht befahren werden; Segelfahrzeuge haben einen Abstand von 100 Metern zum Ufer einzuhalten – Kanufahrer sollten das ebenfalls tun. Außerdem müssen Ruder- und Paddelboote den Segelbooten und Surfbrettern ausweichen. Dies ist bei guten Windverhältnissen nicht einfach, weil die Segler dann schneller sind als die Paddler. Aus diesem Grund sollte man vor allem zu Regatta-Feldern bzw. Wendemarken (große Luftkissen-Bojen) genügend Abstand halten. Darüber hinaus gilt – nicht nur im Altmühlsee – die Bestimmung des Bundesnaturschutzgesetzes, wonach unter anderem weder wildwachsende Pflanzen entnommen noch wildlebende Tiere beunruhigt werden dürfen.
Zum Anlegen kann man die Seezentren (Sportboothäfen mit Slipanlagen) Muhr am See im Norden, Schlungenhof im Südosten am Überleiter und Wald am Westufer anfahren. Schlungenhof (Campingplatz) und Wald (Jugendzeltplatz) bieten auch Bootsrastplätze mit Zeltmöglichkeit. Die mit Bojen markierten Badezonen dürfen nicht befahren werden. Unübersehbar ist im Süden des Sees das Überlaufwehr (Hauptauslaß), dessen Sogbereich mit einer Bojenkette markiert ist. Rechts neben dieser Anlage erkennt man Bootstreppen, über die man den See verlassen kann. Andere Stellen sind kaum geeignet, es sei denn, man wollte die Boote verladen. Über diese Bootstreppen erreicht man die Einstiegsstelle am sogenannten Vorfluter auf

der anderen Seite des Dammes. Der Vorfluter fließt nach links, trifft dort auf das Wasser aus dem Überlauf (Flachstellen!) und später auf die „echte" Altmühl.
Den anderen Weg von Ornbau über Muhr am See zum Altmühlsee zu nehmen, hieße, weiterhin dem alten Flußbett der Altmühl zu folgen. Diese Route kann – so reizvoll sie auch sein mag – wie gesagt nicht guten Gewissens empfohlen werden:
Die Altmühl fließt nach dem Wehr an Ornbau unmittelbar im Süden vorbei und quert dann, sich mehrfach verzweigend, ein großes Vogelschutzgebiet. Der Feuchtwiesenbereich zwischen Ornbau und Muhr am See ist im Frühjahr ein bevorzugtes Brutgebiet für viele seltene und scheue Vogelarten. In der Brutzeit (1. März bis 30. Juni) herrscht absolutes Betretungsverbot. Besucher vertreiben auf 100 Metern – so groß ist etwa die Fluchtdistanz – scheue Wasservögel und Wiesenbrüter. Auch Bootsfahrer würden in ähnlicher Weise stören – spätestens dann, wenn sie am nächsten Wehr und dann erneut am kanalisierten Nesselbach aussteigen müssen, weil an dieser Stelle die Altmühl in einen kanalisierten Düker (unterirdischer Kanal) übergeht, der den Nesselbach unterquert.
Nach der Passage von **Muhr am See** (ehemaliges Wasserschloß) folgt ein Streckenabschnitt, in dem die Altmühl Vorfluterfunktion für den Altmühlsee zu erfüllen hat. Das tiefliegende Flußbett mehrere Meter unterhalb der Dammkrone gestattet keinen Blick auf die Landschaft oder gar den Altmühlsee. Problematisch gestaltet sich schon der Ausstieg am ersten Wehr südlich von Muhr: Hohe und steile, leicht wegbrechende Uferböschungen machen das Umtragen fast unmöglich. (Wer läßt sich schon nachsagen, er richte bei seinem Freizeitsport doch nur Flurschäden an ?!) Zudem besitzt dieses Wehr wie auch das folgende bei Schlungenhof scharfkantige, schartenähnliche Wehrklappen, die kaum gefahrlos zu überfahren sind.
Am Seezentrum Schlungenhof vor dem Überleiter mündet der Fluß erneut in einen Düker. Hier sollte man aussteigen – und das Boot auf das Autodach verladen. Eine Weiterfahrt im Altmühlsee wäre nur nach längerem Landtransport (ca. 200 Meter) möglich. Weiter ginge es dann durch den Überleiter (Einsetzstelle an der Rampe zwischen den Bootsstegen) nach rechts in den Altmühlsee.

Der Altmühlsee

Von Gunzenhausen bis Treuchtlingen

Vom Altmühlsee kommend, unterquert man zunächst die Straßenbrücke der Gunzenhausener Umgehung, dann die Eisenbahn, nach 300 Metern die Steinbrücke in Gunzenhausen und gelangt nach weiteren 800 Metern an eine Wehranlage, deren Durchfahrt durch zwei rote Bojen gesperrt ist. Beim Umtragen über das rechte Ufer (Bootstreppen) überquert man auch gleich das Sträßchen nach Aha und setzt hinter der Brücke wieder ein (153,5).

GUNZENHAUSEN breitet sich am östlichen Ufer der Altmühl vor den Anhöhen des Burgstallwaldes und des Reutberges aus. Die Stadt mit rund 15 000 Einwohnern liegt am Kreuzungspunkt der Bundesstraßen 13 und 466 sowie an der Bahnlinie Würzburg-München. Gunzenhausen entstand um das Jahr 800 auf den Resten eines römischen Kastells, das an einer Altmühlfurt den Limes sicherte. Zeugnis von der reichen Geschichte Gunzenhausens, einst eine der wichtigsten Städte der Markgrafschaft Ansbach, geben die Reste der früheren Befestigungsmauer. Blastor, Färber- und Storchenturm bilden zusammen mit dem steilen Dach des Chors und dem Turm der Stadtkirche die charakteristische Silhouette der Stadt. Den langgestreckten Marktplatz säumen Bürgerhäuser im „Markgrafenstil" des 18. Jahrhunderts. Gunzenhausen bietet seinen Gästen vielfältige Fremdenverkehrs- und Freizeit-Einrichtungen. Sehenswert sind unter anderem das Städtische Museum sowie der Blasturm.

Städtisches Museum, Barockbau 18. Jh., Rathausstraße 12, Tel. (09831) 50867 (Museum), 50876 (Tourist-Information). Stadtgeschichtliches, bürgerliche und bäuerliche Wohnkultur, Fayencefliesen aus dem ehemaligen markgräflichen Jagdschloß, Kirchengeschichtliches, Handwerksgeräte, Sonderausstellungen. Geöffnet 10 bis 12 und 13 bis 17 Uhr vom 1. Mai bis 15. Oktober; wochentags 13 bis 17 Uhr, sonntags 10 bis 12 Uhr und 13 bis 17 Uhr vom 16. Oktober bis 30. April. Geschlossen montags, Faschingsdienstag, Karfreitag, Dienstage nach Ostern und Pfingsten (Oster- und Pfingsmontag geöffnet)

Blasturm, Rathausstraße, Tel. (09831) 50876/78 (Tourist-Information). Teil der Stadtbefestigung, Zunftstube, Türmerwohnung. Geöff-

net von Mai bis September donnerstags und sonntags 11 bis 12 Uhr, Führungen möglich.
Außerdem: Färberturm, weitere Reste der Stadtbefestigung, Limesreste mit Wachtturmfundamenten im Burgstallwald, ehem. markgräfliches Jagdschloß), Erzgebirgsschau und Weiperter Heimatstuben im Historischen Fachwerkstadel.

Information: Tourist-Information, Marktplatz 25, 91710 Gunzenhausen, Tel. (09831) 50876 u. 50878.

Aus der Flußperspektive vermittelt die Silhouette Gunzenhausens mit ihren Türmen und Resten alter Wehranlagen immer noch etwas vom Flair einer mittelalterlichen Stadt. Und ein bewohntes Storchennest beweist, daß Storchenbiotope in unmittellbarer Stadtnähe möglich sind, wenn man dem Naturschutz nur genügend Raum läßt. Wer Glück hat, sieht gelegentlich die Spuren eines eingewanderten Bibers. Nach zwei Kilometern ist das rechts der Altmühl liegende stattliche Kirchdorf **Aha** (153) erreicht. Ein Ausstieg ist direkt hinter der Brücke möglich. Die im sogenannten Markgrafenstil errichtete Saalkirche wurde 1722 nach Plänen markgräflich-ansbachischer Baumeister erbaut. Sie schufen viele Kirch- und Profanbauten in der damaligen Markgrafschaft Brandenburg-Ansbach, deren Gebiet an der Altmühl bis Treuchtlingen reichte.
Hinter Aha gibt es beiderseits der Altmühl noch Auengebiete, in denen Bootwanderer – ruhiges rücksichtsvolles Verhalten vorausgesetzt – im Frühjahr unter anderem Störche, Brachvögel und Fasane beobachten können. Genießer unter den Paddelfreunden werden diesen Streckenteil im zeitigen Frühjahr zurücklegen. Dann führt die Altmühl noch viel Wasser. Eine flotte Strömung sorgt für bequemes Fahren. Während die Landschaft still vorübergleitet, gestatten hoher Wasserstand und noch nicht überwucherte Uferböschungen einen weiten Blick ins Tal.
Historisch Interessierte seien darauf hingewiesen, daß sie zwischen Gunzenhausen und Markt Berolzheim entlang ausgedehnter Grabhügelfelder der Hallstattzeit fahren; sie sind aus der Bootsperspektive allerdings kaum auszumachen. Die Tatsache, daß die Hügelgräber heute im Überschwemmungs- bzw. Feuchtgebiet der Altmühl liegen, macht deutlich, wie hoch der

Fluß inzwischen den Talraum ausgefüllt und sein Bett angehoben hat.
Auf der Strecke zwischen Aha und Elheim waren früher die Ufer von zahlreichen Bisamrattenfallen gesäumt. Nachdem sich der Fang der Bisamratten offensichtlich nicht mehr lohnt, weil ihre Felle kaum noch gefragt sind, lassen sich die Spuren der Bisamratten deutlicher als zuvor erkennen: Weite Uferbereiche sind mittlerweile so stark von Wühlgängen durchsetzt, daß die Böschungen in den Fluß rutschen und Grenzsteine mitreißen.
Zwischen Aha und Unterasbach fächerte sich die Altmühl früher in viele Neben- und Altwasserarme auf. Sie sind mittlerweile größtenteils trockengelegt worden oder verlandet. In die verbliebenen Seitenarme sollten Bootwanderer nicht einfahren. Solche Wasserzonen und Feuchtgebiete gelten heute generell als Rückzugsgebiete für viele Tier- und Pflanzenarten. Kanusportler und Naturfreunde werden für diese Einschränkung Verständnis haben. Der einzige noch befahrbare Seitenarm zweigt auf der Höhe von **Unterasbach** nach Norden ab. Eine Durchfahrt empfiehlt sich jedoch nicht, da die niedrige Brücke am Südrand des Ortes nicht zu passieren ist.
Nach der großen Straßenbrücke hinter Unterasbach – eine aufgrund der Gelände- und Verkehrsverhältnisse ungünstige Stelle für einen Ausstieg oder ein Verladen – grüßt auf der rechten Seite **Windsfeld** (148), kenntlich an seinem Kirchturm mit den für die Gegend typischen buntglasierten Ziegeln. Die Brücke in Windsfeld ist auf der linken Seite zu durchfahren, rechts ist der Weg durch Steine blockiert. Auf den nächsten acht Kilometern muß im Sommer zudem mit mehreren Flachstellen gerechnet werden, die sich mit jedem Hochwasser etwas verlagern können. Naturliebhaber werden dafür aber durch den Anblick mehrerer Schwimmblattfelder mit Teichrosen, Pfeilkraut und Hornblattgewächsen entschädigt. Und wer genau hinsieht, kann blaue Libellen (Schönjungfern und Seejungfern) beobachten, die auf dem Wasser schwimmend mit ihren aufgerichteten Leibern exotisch anmutende Miniwäldchen bilden.
An den Altwassern des Wolfsgrabens vorbei – sie dürfen wie alle Altwasser-Rinnen nach der Bayerischen Schiffahrtsordnung nicht befahren werden – gelangt man nach **Gundelsheim** (145), das sich malerisch an einen Südwesthang anschmiegt.

Hier, rechts vor der Brücke, gibt es neuerdings eine Bootstreppe und einen einfachen Bootsrastplatz. Es ist zwischen Gunzenhausen und Bubenheim der einzige. Feuchtufer oder hohe und zudem stark bewachsene Uferböschungen machen den Ausstieg an anderen Stellen ohnehin unmöglich bzw. schwierig.
Im Bedarfsfall müßten Bootwanderer in Gasthöfen übernachten oder einen privaten Grundbesitzer um Erlaubnis bitten, ein Zelt aufschlagen zu dürfen.
Während der Weiterfahrt schweift der Blick nach Südwesten zum immer näher rückenden Hahnenkamm, einer der Südlichen Frankenalb vorgelagerten Mittelgebirgslandschaft mit mehr als einem Dutzend Höhen von über 600 Metern. Markanter Eckpfeiler ist die von weitem sichtbare Burg Spielberg, die auch die Grenze des Naturparks Altmühltal markiert. Weiter südlich ragt aus dem Albrand die Gelbe Bürg heraus. Dieser im Volksmund auch „Gelber Berg" genannte Tafelberg steigt in zwei Terrassen aus dem Altmühltal auf. Die kahle Weißjura-Kuppe war seit der Steinzeit besiedelt. Die Alamannen errichteten eine ständig bewohnte Gauburg mit Mauern von 13 Metern Dicke. Die Franken verstärkten den oberen Ringwall vom 4. bis zum 6. Jahrhundert; die Gelbe Bürg wurde zum Mittelpunkt eines Kranzes fränkischer Ortsgründungen im Altmühltal.
Nach den Brücken bei **Ehlheim** (143,5) und **Trommetsheim** (140,3) taucht links hinter eine Flußbiegung **Lengenfeld** (138,7) auf. Kopfweiden säumen die Ufer und machen die Altmühl zu einer Flußallee, an der die dörfliche Idylle still vorübergleitet. Dann sieht man zur Linken den kleinen Luftlandeplatz von Bubenheim, an dem vor allem an Wochenenden reger Flugbetrieb mit Segel- und Motorflugzeugen herrscht. Es folgt eine Brücke und dann der Ort **Bubenheim** mit einer recht stimmungsvollen Passage. Am Ortsende führen links Treppen zu einem Bootsrastplatz hinauf.
Von Bubenheim bis Treuchtlingen kann die Altmühl sehr seicht sein. Ungefähr dort, wo linker Hand vor der Eisenbahnbrücke (132) eine Seitenarm zur Altmühl zurückkommt, sollte vor rund 1200 Jahren der Karlsgraben (Fossa Carolina) einmünden. Die eindrucksvollen Reste dieses Kanalbauversuchs sind im etwa

einen Kilometer von dieser Stelle entfernten Dorf Graben zu besichtigen. Dafür lohnt sich ein Ausstieg auf jeden Fall.
Am nördlichen Ortsausgang von Graben liegt der **Karlsgraben** (lat. Fossa Carolina), der dem Dorf auch seinen Namen gegeben hat. Er ist ein Kulturdenkmal von europäischem Rang. Karl der Große wollte hier im Jahr 793 durch einen schiffbaren Kanal zwischen Altmühl und Rezat Donau und Rhein verbinden. Zielsicher wurde die Stelle ausgewählt, an der sich die beiden Stromsysteme bis auf knapp 1800 Meter nahe kommen und der höchste Punkt der Wasserscheide nur zwölf Meter über der Altmühl liegt. Ob das Bestreben der karolingischen Wasserbauer ganz zum Ziel gelangte, ist umstritten. Historische Quellen berichten von langanhaltenden Regenfälle und ungünstigen geologischen Bedingungen, die die Fertigstellung verhinderten, vor allem aber von politischen Gründen. Es ist jedoch ziemlich sicher, daß zumindest kurzfristig eine Verbindung der Flußsysteme im Bereich der europäischen Talwasserscheide bestand und auch benutzt wurde.

Der Karlsgraben (Fossa Carolina)

Die sichtbaren Überreste dieser Ingenieurleistung des frühen Mittelalters werden im Rahmen des Naturparks gepflegt. Sie sind durch Wege und einen Spielplatz für die Besucher erschlossen sowie mit Informationstafeln versehen. Der kürzere Rundweg ist 1200 Meter lang, der längere knapp zwei Kilometer. An seinem Nordende steht der **Brunnen an der Europäischen Wasserscheide**. Er entläßt sein Wasser in zwei Rinnsale, zwischen denen er steht. Der eine der schmalen Bäche fließt dem Karlsgraben und damit Altmühl und Donau zu, der andere der Schwäbischen Rezat und somit Rhein und Main entgegen. Auch der Besuch der Karlsgrabenausstellung lohnt sich.

Hinter der Eisenbahnbrücke wendet sich die Altmühl nach Süden der Stadt Treuchtlingen zu. Links erhebt sich der Nagelberg, ein Zeugenberg aus der Zeit, als der Ur-Main das Tal von Nord nach Süd durchfloß. Am Westhang des Berges erkennt man die große Kriegsgräberstätte; hier ruhen 2500 Soldaten und Zivilisten – Männer, Frauen und Kinder, die in Treuchtlingen und der weiteren Umgebung im Zweiten Weltkrieg ums Leben gekommen sind. Am Südhang des Nagelberges wurden die Fundamente eines römischen Gutshofs ausgegraben und restauriert.

Im folgenden Altmühlabschnitt bis zur ersten Straßenbrücke wurde der Fluß renaturiert und in die Gestaltung eines Kur- und Landschaftsparks einbezogen. Die Altmühl, in diesem Bereich von zwei Fußgängerstegen überspannt, erhielt wieder Schleifen und Flußarme. Die Bootfahrer folgen hier stets dem breiten Fahrwasser und lassen die mit der Renaturierung geschaffenen Inseln und Flußarme links bzw. rechts liegen. Sie zu betreten bzw. zu befahren ist aus Gründen des Naturschutzes nicht gestattet. Dafür kann man die ungewohnt abwechslungsreich gestaltete Flußlandschaft zwischen dem Nagelberg (links) und dem Patrich (rechts) mit einem Rundblick um so besser genießen.

Hinter der ersten Straßenbrücke (130,8) wurden am rechten Ufer in Höhe der „Altmühltherme" (Thermal- und Wellenbad) vor einer Wehranlage Bootstreppen angelegt. Im Sommer steht dieses Wehr bei niedrigem Wasserstand offen und kann durchfahren werden. Die Einsetzstelle befindet sich erst hinter der zweiten Straßenbrücke.

Von Treuchtlingen bis Walting

Wegen seiner verkehrsgünstigen Lage und weil hier das „romantische“ Altmühltal beginnt, nutzen viele Kanufahrer Treuchtlingen als Ausgangspunkt ihrer Flußfahrten. Bei großem Andrang können zwei Einlaßstellen benutzt und die Fahrzeuge auf dem großen Parkplatz an der Stadthalle abgestellt werden.
Der Staatlich anerkannte Erholungsort **TREUCHTLINGEN** (13000 Einwohner) hat zahlreiche Fremdenverkehrseinrichtungen und viel Sehenswertes zu bieten: Die Obere Veste (eine rekonstruierte Burgruine), die Untere Veste (heute „Haus des Gastes“ und Schloßhotel), eine Denkmallokomotive (Wahrzeichen der ehemaligen Eisenbahnerstadt und des Bahnknotenpunktes) sowie ein umfangreiches Volkskundemuseum. Im Stadtschloß wurde übrigens im Jahr 1594 der spätere Reichserbmarschall Gottfried Heinrich von Pappenheim geboren. 1632 fiel er im Kampf gegen die Truppen des Schwedenkönigs Gustav Adolf in der Schlacht bei Lützen. Er wurde im Kloster Strahow auf dem Hradschin in Prag beigesetzt. Die Vasallentreue des Generals Pappenheim aus der Treuchtlinger Linie des Herrengeschlechtes und seiner Kürrassiere gegenüber dem Kaiser ist sprichwörtlich. Schiller legte dem Obristen Wallenstein den berühmten Ausspruch in den Mund: „Daran erkenn' ich meine Pappenheimer.“ Heute wird er meist in etwas anderem Sinn gebraucht.

Volkskundemuseum, Heinrich-Aurnhammer-Str. 8, Tel. (09142) 3840, 3121 (Verkehrsamt), Wohnkultur, Hafnerhandwerk, Band- und Tressenweberei, Handwerkerstuben, Grabungsfunde aus der Umgebung und von der Burg, Sonderausstellungen. Führungen von Mai bis Oktober dienstags, donnerstags, samstags und sonntags 15 Uhr, sonst nach Vereinbarung.
Außerdem: Naturkundemuseum, Aurnhammer-Sammlung im Stadtschloß, Lambertuskirche, Obere Veste auf dem Schloßberg, restaurierte Burgruine (Aussichtsturm). Römisches Landhaus (villa rustica) beim Weinbergshof am Nagelberg.
Fossa Carolina in Graben, Kanalbauversuch Karls des Großen zur Verbindung von Main und Donau von 793, Führungen bei Voranmeldung im Verkehrsamt, Ausstellung geöffnet vom 1. Mai bis Mitte Oktober täglich außer dienstags 13 bis 17 Uhr.

Information: Verkehrsamt Treuchtlingen, Haus des Gastes, 91757 Treuchtlingen, Tel. (09142) 3121.

Bei der Weiterfahrt nach der zweiten Straßenbrücke kommt man nach einer kurzen Strecke unter überhängenden Weiden zu einer Fußgängerbrücke. Direkt darunter befindet sich ein niedriges Überlaufwehr, das bei genügender Wasserführung ganz rechts überfahren werden kann. Wer das Boot lieber umtragen möchte, benutzt die Bootstreppen auf der rechten Uferseite.
Die Stadt verlassend, fährt man zunächst am Fuß des Burgstalls vorbei, der Reste einer frühmittelalterlichen Fliehburg und eines terrassierten Weinberges erkennen läßt. Unmittelbar vor der Einmündung des Möhrenbachs auf der rechten Seite liegt in einer kleinen Bucht der neue Treuchtlinger Übernachtungszeltplatz, ausgestattet mit Bootstreppe und Sanitäranlagen (200 Meter entfernt, im Gebäude des Klärwerks).
Wo der Möhrenbach von rechts einmündet, ist die Altmühl sehr flach. Man bleibt am besten im deutlich erkennbaren Schwall, den das zufließende Bachwasser erzeugt. Vor der Dietfurter Brücke unter der B 2 lädt rechts ein Bootsrastplatz zum Verweilen ein. **Dietfurt** besitzt seit 1504 anstelle einer Furt eine Altmühlbrücke und war im 18. und 19. Jahrhundert wichtige Postkutschenstation an der großen Reichsstraße von Nürnberg nach Augsburg.
Sich rechts der Mitte haltend, durchfährt man die Dietfurter Brücke (128,2), folgt der kurzen Schwallstrecke und gleitet, auf einen Stein in der Flußmitte achtend, durch eine Rechtskurve. Sobald die Eisenbahn unterquert ist, und die Altmühl nach Osten abbiegt, erreicht man das Durchbruchstal, das einst nach der Flußumkehr des Ur-Mains von seinen Seitenflüssen ausgetieft wurde. Der Steg auf Höhe der Grafenmühle (126,2) kann Äste, die im Fluß treiben, „eisern" festhalten und so die Durchfahrt behindern. Hier kentern gelegentlich besonders Unerfahrene, weil sie die Strömung und den Wasserdruck unterschätzen, dem das Boot ausgesetzt ist, wenn es quergetrieben vor dem Brückenjoch oder den angeschwemmten Ästen liegt.
Hoch über den Talhang hinausragende Steinhalden verraten den Besuchern, daß sie sich im Abbaugebiet des Treuchtlinger

Jura-Marmors und des Solnhofener Plattenkalks befinden. Der Anblick der Abraumhalden führte vor Jahren zu einer Diskussion darüber geführt, ob solche „Schutthaufen“ wieder bepflanzt werden sollen oder ob man sie als „Sukzessionsflächen“ einfach der Natur überläßt. Die Halden verwittern recht schnell, sobald sie nicht mehr benutzt werden und können so zu Rückzugsgebieten für bedrohte Tier- und Pflanzenarten werden.

PAPPENHEIM (122,9), in einer Schleife der Altmühl gelegen und von der Burgruine der Reichsmarschälle von Pappenheim überragt, ist ein vielbesuchter Luftkurort. Der sicherste Weg führt nach dem Passieren des Staubereichs unterhalb der Burg geradeaus direkt in den Kraftwerkskanal, den man über die Bootstreppen auf der linken Seite verläßt. Sie führen auf eine schmale Landzunge, von der man einen direkten Zugang zum Campingplatz und zur Stadt hat. Der Wasserweg über die vorher links abbiegende Altmühl ist nicht zu empfehlen, weil das mit großen Steinen errichtete Wehr bei normalem Pegelstand zu wenig Wasser erhält.

Von der Landzunge bieten sich Spaziergänge zu den Sehenswürdigkeiten des historischen Städtchens an (2500 Einwohner): St.-Gallus-Kirche (9. Jahrhundert), Augustinerkloster (1302), Evang. Stadtkirche (1476), Altes Schloß (1576/1600), Neues Schloß (1820/1822), gut erhaltene Wehranlagen mit dem oberen Tor (13. Jahrhundert), „Affenstein“ und zwei Pulvertürme auf dem Burgberg sowie einer der ältesten Judenfriedhöfe Deutschlands.

Burg und Burgmuseum, Burgruine der Reichserbmarschälle von Pappenheim mit Bergfried und Tiefem Brunnen, Waffen, Folterwerkzeugen, Burgmodell, Burgschänke im Hof. Geöffnet von April bis Oktober täglich außer montags 10 bis 17 Uhr, Hauptsaison 9 bis 18 Uhr, sonst für Gruppen nach Vereinbarung mit dem Fremdenverkehrsbüro.

Galluskirche, Dechantshof, karolinigische Gründung, täglich geöffnet und nach Vereinbarung mit dem Fremdenverkehrsbüro.

Information: Fremdenverkehrsbüro „Haus des Gastes“, Kirchengasse 1, 91788 Pappenheim, Tel. (09143) 6266, 6060.

Die Weiterfahrt nach dem Umtragen kann Ungeübten, eventuell Schwierigkeiten bereiten – nämlich dann, wenn das Kraftwerk viel Wasser über den Kanal (die Turbinen) laufen läßt. Dadurch entsteht an der Einmündung des Kanals in den Fluß eine starke Querströmung, die die Boote auf das linke gemauerte Ufer zutreibt. Hier hilft nur leichtes Vorhalten nach rechts und gleichzeitiges kräftiges Paddeln! In Höhe des Neuen Schlosses passiert man einen Holzsteg. Im Bereich der Stadtbrücke gibt es Flachstellen. Nach einer Kurve hält man sich nach links, achte aber auf überhängende Weiden. Hinter einem Fußgängersteg und einer Betonbrücke kommt eine Linkskurve. Wer zum Bahnhof Pappenheim will, sollte auf der rechten Seite aussteigen.
Säumen zunächst hohe Weiden die Flußufer, so gleiten die Bootwanderer später an großen Teichrosen-Feldern vorbei. Voraus erhebt sich ein steiler, bewaldeter Hang, aus dem der „felsige" Hollerstein herunterblickt. Am Fuß des Hanges liegt – von Wacholderheide eingerahmt – das Juradörfchen **Zimmern** (118,9). Links vor dem breiten Wehr gibt es einen idyllisch gelegenen Wirtsgarten, von dem aus man einen herrlichen Blick auf die Altmühl und die Wehranlage mit den Bootstreppen hat. Übernachtungsmöglichkeiten gibt es im Ort oder auch auf dem Bootsrastplatz (ohne sanitäre Einrichtungen).
Zur Weiterfahrt steuert man die Bootstreppen am rechten Ufer an. Bei hohem Wasser bildet sich an der Einsetzstelle Kehrwasser. Weniger Geübte lassen das Boot dann fünf Meter weiter flußabwärts über das Kiesufer ins Wasser. Mit Rücksicht auf das Boot sollte man auf ein Befahren des Wehrs verzichten, zumal die Gefahr des Kenterns oder Verklemmens zwischen den Blöcken des Steinwehrs durchaus besteht. Wildwasserfahrer, die sich und ihrem Boot etwas zutrauen dürfen, sollten nach vorheriger Erkundung bei entsprechendem Wasserstand eine Durchfahrt finden.
Unter einer Straßen- und zwei Eisenbahnbrücken hindurch wird **SOLNHOFEN** (114,7) erreicht. Auf dem Gelände der ehemaligen Flußbadeanstalt am Ortsanfang wurde ein Bootsrastplatz mit Zeltplatz eingerichtet. Wer die Sehenswürdigkeiten von Solnhofen besichtigen, Brotzeit im Wirtshaus machen oder ein Café besuchen will, kann 500 Meter weiter vor der großen Straßenbrücke am befestigten Ufer oder nach dieser Brücke unter-

◀ *Die Stadt Pappenheim, überragt von der Burgruine*

halb eines Privatparkplatzes anlegen. Solnhofen mit 1700 Einwohnern genießt Weltruf als Wiege des Steindruckes (Lithographie) und als eine Fundstelle des Urvogels (Archaeopteryx). Das Bürgermeister-Müller-Museum im Rathaus zeigt in reicher Auswahl versteinerte Pflanzen und Tiere aus der Jurazeit. Die Begegnung mit den Urahnen unserer Tierwelt in solch faszinierender Klarheit und aufregender Lebendigkeit hinterläßt einen tiefen und nachhaltigen Eindruck. Urkundlich wurde der Ort erstmals 817 erwähnt, doch ergaben Ausgrabungen, daß schon zur Latènezeit hier eine keltische Siedlung bestand. Die Überreste der Sola-Basilika (7.–9. Jahrhundert) sind einmalig im süddeutschen Raum.

Die Felsgruppe „Zwölf Apostel" unterhalb von Solnhofen

Bürgermeister-Müller-Museum im Rathaus, Bahnhofstraße 8, Tel. (09145) 8320-30, Versteinerungen aus dem Plattenkalk, darunter ein Archaeopteryx, Geologie, Lithographie. Geöffnet 1. April bis 31. Oktober täglich 9 bis 12 und 13 bis 17 Uhr, 1. November bis 31. März sonntags 13 bis 16 Uhr sowie nach Vereinbarung.
Sola-Basilika, Senefelderstraße (neben der evang. Kirche), Grundmauern und Reste von sieben übereinanderliegenden Kirchbauten seit dem 7. Jahrhundert. Jederzeit zugänglich, Führungen nach Vereinbarung mit dem Verkehrsamt.

Information: Verkehrsamt Solnhofen, Rathaus, Bahnhofstraße 8, 91807 Solnhofen, Tel. (09145) 8320-20.

Beim Verlassen von Solnhofen muß das Boot am Wehr vor der **Solnhofener Mühle** umgetragen werden. Dieses Wehr ist neuerdings über einen Schotterweg auch mit Transportfahrzeugen für Boote zu erreichen.
Nach den Bootstreppen, an denen das Wasser mitunter kräftig vorbeischießt, sind mehrere Flachstellen zu überwinden.
Danach genießt man den Anblick der „Zwölf Apostel", einer der landschaftlichen Höhepunkte des Altmühltals. Diese malerische Felsgruppe besteht aus Schwamm-Algen-Kalken. Die Einzelfelsen sind durch Erosion aus dem massigen hellen Gestein herauspräpariert worden. Felsformationen wie diese erfreuen sich wohl deshalb so großer Beliebtheit, weil sie als Reste von Natur inmitten der Kulturlandschaft empfunden werden.
Hinter **Eßlingen** (112) wird die Altmühl von einer Eisenbahnbrücke überspannt (vor der Brücke rechts neue Bootstreppe). Hier zucken Bootwanderer bisweilen heftig zusammen, wenn plötzlich ein Zug aus der Tunnelöffnung in der Felswand herausschießt und über die Brücke donnert. Ansonsten gibt sich das Tal beschaulich. Ab Mai sind hier vom Boot aus zwei typische Vertreter der Altmühltal-Flora und -Fauna zu bewundern: die Blauflügel-Prachtlibelle (Calopteryx virgo) und die gelbblühende Sumpf-(Wasser-)Schwertlilie (Iris pseudacorus).
In **Altendorf** (108,9) ragen mächtige Dolomitfelsen am rechten Talhang empor. In ihren Höhlen suchten – wie Funde belegen – die Menschen bereits vor 70 000 Jahren Schutz. Das Schutzbedürfnis „moderner" Menschen ist gelegentlich anderer Art. Sie flüchten – vor wem auch immer – auf die Stämme der Weiden,

die den Fluß weitausladend überspannen, ohne zu ahnen, daß die Natur solchen Belastungen nicht gewachsen ist.
Ein bezaubernder Rast- und Zeltplatz – vielleicht der schönste an der Altmühl überhaupt – erwartet die Bootwanderer 500 Meter nach der Straßenbrücke. Der Bootsrastplatz mit Schutzhütte an der **Hammermühle** (108) liegt unmittelbar hinter dem steinernen Stufenwehr auf dem linken Ufer. Vor dem Hintergrund bizarrer Felsformationen, zwischen Weiden und Hecken versteckt, lädt dieses Fleckchen Erde geradezu zum Verweilen ein. Wem das Rauschen des Wassers Musik in den Ohren ist, der wird bleiben und nachts am Lagerfeuer sitzen und träumen.
Traurig stimmt, daß in den letzten Jahren einige Bootfahrer diese Idylle wohl überhaupt nicht zu schätzen wußten: Die Schutzhütte wurde demoliert, Begrenzungszäune wurden umgerissen. Tiefe Kfz-Fahrspuren führen – die schönen Wiesen zerstörend – aus allen Richtungen direkt zum Ausstieg, der wie die Umtragestelle zeitweilig einem Müllplatz gleicht. So mancher rücksichtslose Zeitgenosse zeltet dafür außerhalb des freigegebenen Platzes und legt dort unerlaubt auch noch Feuerstellen an. Derartiges Verhalten schadet der Natur wie dem Bootssport und sollte von niemandem geduldet werden.
Das Natursteinwehr besitzt neben breiten Bootstreppen auch eine Bootsgasse. Sie liegt im rechten Drittel des Überlaufs, ist aber bei hohem Wasserstand nur schwer auszumachen. Bei Niedrigwasser zeigen größere Steine die Einfahrt an; im Auslauf muß ein Block auf der linken Seite beachtet werden. (Kanufahrer, die das Ein- und Ausfahren bzw. das Queren von Hauptströmungen und Kehrwasser üben wollen, seien auf dieses Wehr verwiesen.)
Dicht am Hang, tief im Schatten der Bäume dahinziehend, durchläuft die Altmühl nach der Hammermühle ein Stück fast unberührtes Tal. In **Hagenacker** (104,7), einst Standort einer Hammerschmiede der Eichstätter Fürstbischöfe, trifft man auf das nächste Wehr. Auch dieses Steinwehr läßt sich problemlos über die in der Mitte gelegene Bootsgasse befahren. Vorher führen Bootstreppen auf den Rastplatz (ohne Zeltmöglichkeit). Von ihm aus hat man einen guten Blick auf eine von dunklen Blaualgen überwachsene Dolomit-Felsenkanzel. Falls die Alt-

Das Steinwehr bei der Hammermühle ▶

Dollnstein mit seiner mittelalterlichen Befestigungsmauer

mühl viel Wasser führt, ist nach dem Einsetzen ein Kehrwasser zu durchfahren.

Nach knapp 1000 Metern tritt eine steile Felswand mit einem Felsentor dicht an das Ufer heran. Schon vom Boot aus ist die mittelalterliche Befestigungsmauer des Marktes **DOLLNSTEIN** (102,2) zu erkennen. Unter einer Bahnbrücke hindurch, dann an den Resten eines beim Eisenbahnbau stehengebliebenen Bergsporns vorbei, gelangt man in den Ort. Ein flaches Ufer, eine Gaststätte mit Terrasse und Garten laden gleich am Ortseingang zum Anlegen ein. Wer länger bleiben möchte, fährt bis zum Campingplatz weiter (rechts hinter der Brücke).

Der noch von seiner mittelalterlichen Befestigungsmauer umgebene Markt (2600 Einwohner) liegt in einem weiten Talkessel, den die Ur-Donau an ihrer Einmündung in das Altmühltal gebildet hat. Der malerische Ort wurde schon 1287 zum Markt erhoben. Wolfram von Eschenbach schilderte im „Parzival" das übermütige Faschingstreiben der Dollnsteiner Marktweiber; er war des öfteren zu Gast auf der Veste „Tollenstein", die einst auf einem Felsenriff inmitten des Ortes thronte. Die späteren Grafen von Hirschberg hatten sie im 12. Jahrhundert errichtet. Bevor Dollnstein von den Eichstätter Bischöfen gekauft wurde, besaßen es die Grafen von Oettingen und die Herren von Heideck. Nach der Säkularisation wurde die Burg von Dollnsteiner Bürgern als „Steinbruch" verwendet. Sehenswert sind die gotischen Wandmalereien in der Pfarrkirche St. Petrus und Paulus, die auf die Zeit von Bischof Gundekar Ende des 11. Jahrhunderts zurückgeht.

Information: Fremdenverkehrsverein Dollnstein, Papst-Viktor-Str. 35, 91795 Dollnstein, Tel. (08422) 1502.

Dollnstein markiert – wie schon erwähnt – einen flußgeschichtlich wichtigen Ort. Bis zur Riß-Eiszeit mündete hier die Altmühl in die Ur-Donau, die von Süden aus dem heutigen Wellheimer Trockental kommend in einer Schleife nach Südosten umbog. Ab Dollnstein besitzt das Altmühltal daher andere Dimensionen. Es ist breiter, die felsigen Talhänge (einst Ufer der Donau) wirken viel wuchtiger. Zeuge der viel mächtigeren Ur-Donau und ihrer Erosionskraft ist die östlich des Ortes stehengebliebene Dolomitzinne; der Burgsteinfelsen ist heute ein beliebter Kletterfelsen mit Gipfelkreuz.

Die Fahrt geht weiter an der Bubenrother Mühle (100) vorbei zum Breitenfurter Wehr, das links umgangen wird. In **Breitenfurt** (99,5) gibt es einen privaten Bootsrastplatz, geöffnet vom 1. März bis 30. Oktober (Tel. 08422/567). Dieser Platz liegt gleich hinter dem Schwimmbad auf der rechten Seite und ist durch einen Zugang mit diesem verbunden. Er bietet Zeltmöglichkeit für bis zu zwei Tage und neben einem Spielplatz für die Kleinen noch eine Rarität: ein Sanitärgebäude mit Warmwasser und Dusche.

Bis zur Attenbrunner Mühle durchfährt man jetzt einen besonders idyllischen Flußabschnitt mit überhängenden Felsufern und einigen Karstquellen, aus denen das versickerte Grundwasser der Hochflächen munter plätschernd zutage tritt. Dort, wo der Fluß auf Ostkurs geht, gleich links hinter der kleinen Brücke (Richtung Schernfeld) gibt es unter Bäumen einen zünftigen Rastplatz, der im Sommer bewirtschaftet ist. Der folgende weite Flußbogen mit seinen massigen weißen Kalkfelsen vermittelt den Bootwanderern erneut einen Eindruck von der Mächtigkeit der Urströme und ihrer Jahrtausende währenden Schürfarbeit. Im Auslauf dieses ehemaligen Prallhangs der Ur-Donau liegt **Obereichstätt** (94,3). Der Ort zu Füßen der Dolomitfelsen war über 400 Jahre lang Standort eines Eisenhüttenwerkes. Klassizistische Werks- und Verwaltungsgebäude erinnern heute noch an die einst bedeutsame Obereichstätter Industrie, ebenso wie die immer noch baumfreien Hänge, die den Brennstoffbedarf an Holz zu decken hatten. Bekannt war der Ort auch wegen der kunstvoll gestalteten Ofenplatten aus der heimischen Gießerei.
An mehreren Altwassern vorbei geht es weiter nach **Wasserzell** (90,8). Der Bootsrastplatz vor der Brücke rechts bietet auch eine Zeltmöglichkeit. Wasserzell liegt an der Bahn-Nebenstrecke, die den Bahnhof Eichstätt-Stadt mit Eichstätt-Bahnhof an der Hauptstrecke Treuchtlingen–Ingolstadt verbindet.
Am Wehr in **Rebdorf** (89,2) – Bootstreppen rechts – sollte man sich Zeit nehmen für einen Gang hinüber zum ehemaligen Chorherrenstift Rebdorf mit dem schönsten Arkadenhof Bayerns. Kaum zu glauben, daß diese herrliche Anlage zwischenzeitlich Strafanstalt (und Ausbrecherparadies zugleich) war und später als Kaserne diente. Inzwischen ist Rebdorf wieder Kloster (der Herz-Jesu-Missionare), dem eine Knabenrealschule mit Internat angegliedert ist.
Über die **Hofmühle**, dicht an Gärten und Wohnterrassen vorbei, rechts im Blick immer die hoch über dem Tal thronende Willibaldsburg, wird Eichstätt erreicht. Das erste Wehr (unter der zweiten Straßenbrücke) ist mit Vorsicht zu umgehen. Direkt über der Ausstiegstreppe auf der rechten Seite ist die Brücke so niedrig, daß schon mancher Paddler beim Herausheben seines Bootes sofort wieder in die Knie gezwungen wurde. Zum Einsetzen bieten sich zwei Stellen an: direkt hinter dem Wehr oder

nach dem Überqueren der Insel im Seitenarm. Die nächsten zwei Kilometer gelten unter Bootwanderern als die wohl schönste Stadtpassage an der Altmühl.
Ab dem Freibad durchzieht der Fluß eine Uferlandschaft mit Parkcharakter. Wenn dann die Hinterhöfe und Stadthäuser dicht an die Ufer heranrücken, mag sich mancher in eine typische Inn-Stadt versetzt fühlen. Hinter der Stadtbrücke (83,5) hält die Altmühl andere Kostbarkeiten bereit. Weit über das Wasser ausladende Baumkronen verwandeln den Fluß in einem Laubengang. Von lichtdurchflutetem Grün umgeben, gleiten die Bootwanderer unter dem niedrigen Blätterdach hindurch. Dann werde sie von langen, gestaffelt bis ins Wasser reichenden Weidenvorhängen begleitet, die bei bestimmten Lichtverhältnissen Stimmungen zaubern wie in den Kulissen eines Theaters. Wer diese Stadtdurchfahrt in vollen Zügen genießen will, der wähle die späten Nachmittagsstunden, wenn die Sonne die Szenerie mit der Heiterkeit ihrer Lichtreflexe überzieht.
Bis zum nächsten Wehr sind es nur noch wenige hundert Meter. Die Bootstreppen führen direkt zu einem Zeltplatz, der sich auf dem linken Ufer zwischen Wehr und Brücke recht offen darbietet. In der Nähe des Hofgartens gelegen, ist er idealer Ausgangspunkt für einen Besuch der Innenstadt.
Den Mittelpunkt des Altmühltals und des Naturparks bildet die Barock-, Bischofs- und Universitätsstadt **EICHSTÄTT** (14 000 Einwohner). Der 740 vom heiligen Willibald gegründete Bischofssitz wurde 1042 erstmals als Stadt erwähnt. Im Dreißigjährigen Krieg fiel Eichstätt fast völlig der Zerstörung anheim. Unter kunstsinnigen Fürstbischöfen erlebte die Stadt einen glanzvollen Wiederaufbau, geprägt von den Graubündner Baumeistern Gabriel de Gabrieli und Maurizio Pedetti. Der Zusammenklang von Sakral- und Profanbauten, großzügig angelegten Plätzen mit verspielten Brunnen neben verträumten Gassen blieb bis heute erhalten. Die Hauptsehenswürdigkeiten sind der Dom mit reicher Innenausstattung, Mortuarium, Kreuzgang und dem benachbarten Diözesanmuseum, die Kapuzinerkirche mit einer Nachbildung des Heiligen Grabes aus dem 12. Jahrhundert, die Abtei St. Walburg, die Schutzengelkirche am Leonrodplatz, das Informationszentrum des Naturparks Altmühltal in der früheren Klosterkirche Notre Dame, die ehemaligen fürstbi-

schöflichen Residenzen, die Willibaldsburg mit dem Juramuseum sowie dem ur- und frühgeschichtlichen Museum.

Dom, hauptsächlich spätgotisch, Mortuarium, Glasfenster von Hans Holbein d. Ä., Kreuzgang, „Pappenheimer Altar", Figur des heiligen Willibald. Geöffnet montags bis freitags 9.45 bis 13 Uhr und 14.30 bis 16 Uhr, samstags 9.45 bis 15 Uhr, sonntags 13 bis 18 Uhr, (während der Gottesdienste keine Besichtigung), Führungen möglich (Tourist-Information).

Kirche des Kapuzinerklosters, Kapuzinergasse 2, Tel. (08421) 4462. Nachbildung des Heiligen Grabes aus dem 12. Jahrhundert. Täglich bis 18 Uhr geöffnet (während der Gottesdienste keine Besichtigung), Führungen möglich.

Kirche St. Walburg, Walburgiberg 2, Tel. (08421) 1680. Wallfahrtsstätte zu den Gebeinen der heiligen Walburga; Kirchenbau von Martin Barbieri (1630). Täglich bis 18 Uhr geöffnet (während der Gottesdienste keine Besichtigung), Führungen möglich.

Diözesanmuseum, Residenzplatz 7, Tel. (08421) 50283, im ehemaligen Zehentstadel, archäologische Funde aus dem Dom, Dokumente, christliche Kunst, liturgische Gewänder, Domschatz, Kapitelsaal. Geöffnet vom 1. April bis 31. Oktober werktags außer montags 9.30 bis 13 Uhr und 14 bis 17 Uhr, sonntags und feiertags 11 bis 17 Uhr (Oster- u. Pfingstmontag geschlossen), Führungen möglich.

Fürstbischöfliche Residenz, Residenzplatz 1 (Landratsamt), Tel. (08421) 701, barocker dreiflügeliger Bau von Jakob Engel, Gabriel de Gabrieli, Maurizio Pedetti; Treppenhaus im Westflügel, Spiegelsaal, C.-O.-Müller-Galerie, Führungen (ab 5 Pers.) montags bis donnerstags 11 und 15 Uhr, freitags 11 Uhr, samstags, sonn- und feiertags 10, 10.30, 11, 11.30, 14, 14.30, 15 und 15.30 Uhr.

Jura-Museum in der Willibaldsburg, Tel. (08421) 2956, 4730. Naturkundemuseum, Schwerpunkt Geologie der einheimischen Kalke mit den darin eingebetteten Funden, Exemplar des Urvogels (Archaeopteryx), Flora und Fauna der Südlichen Frankenalb, Aquarienraum, Multivisionsschau „Entwicklung des Lebens" 10.15 Uhr und 14.30 Uhr. Geöffnet vom 1. April bis 30. September von 9 bis 12 Uhr und von 13 bis 17 Uhr, vom 1. Oktober bis 31. März von 10 bis 12 Uhr und von 13 bis 16 Uhr, jeweils täglich außer montags (Oster- und Pfingstmontag geöffnet); Führungen möglich.

Ur- und frühgeschichtliches Museum des Historischen Vereins in der Willibaldsburg, vorzeitliche Tierfunde und Siedlungsgeschichte des Altmühltals, Funde aus der Römerzeit. Anschrift und Öffnungszeiten wie Jura-Museum.

Am Residenzplatz in Eichstätt

Figurenfeld im Hessental, Mahnmal gegen Krieg und Gewalt des Eichstätter Bildhauers Alois Wünsche-Mitterecker; jederzeit zugänglich von der Altmühlstraße Eichstätt–Landershofen, Parkplatz, mit Rundweg 8. Führungen nach Vereinbarung mit dem Städt. Verkehrsamt.

Information: Tourist-Information, Kardinal-Preysing-Platz 14, 85072 Eichstätt, Tel. (08421) 98800 (neben dem Informationszentrum Naturpark Altmühltal).

INFORMATIONSZENTRUM Naturpark Altmühltal, Notre Dame 1, 85072 Eichstätt, Tel. (08421) 9876-0, geöffnet April bis Oktober montags bis samstags 9 bis 17 Uhr, sonn- und feiertags 10 bis 17 Uhr, November bis März montags bis donnerstags 8 bis 12 und 14 bis 16 Uhr, freitags 8 bis 12 Uhr, für Gruppen auch auf Anfrage.

Ein längerer Besuch von Eichstätt sollte zum Programm aller Bootwanderer gehören. Neben vielen gastlichen Stätten und dem genannten Zeltplatz gibt es in Eichstätt 500 Meter flußabwärts einen weiteren Zeltplatz. Allerdings stört hier bisweilen der Verkehrslärm auf der Brücke die Nachtruhe.
Eine wichtige Information für alle, die den Streckenabschnitt Eichstätt–Beilngries befahren möchten, sei gleich vorweg gegeben: Zwischen beiden Städten gibt es an Feiertagen und Wochenenden keine Busverbindung, die für Rückholdienste in Anspruch genommen werden könnte. Zur Orientierung zwischen Eichstätt und Kipfenberg sei angemerkt, daß die in verschiedenen Karten noch eingezeichnete Bahnlinie zwischen beiden Städten nicht mehr existiert, ihr Bahndamm – teils als Radweg genutzt – aber vom Fluß aus streckenweise noch zu erkennen ist.
Flußabwärts von Eichstätt wird die Landschaft wieder still, der weite Ausblick beruhigt die Sinne. Das Kirchdorf **Landershofen** (80,3) bleibt mit seinem Ortskern links liegen. **Pfünz** kommt näher: erst die moderne Betonbrücke, dann die alte schmale Steinbrücke (78,5), deren vier Bogenöffnungen die Altmühl malerisch überspannen – ein beliebtes Motiv bei Film- und Fotofreunden. An dieser Stelle bauten schon die Römer eine Brücke über die Altmühl; sie gab dem Ort den Namen. Pfünz leitet sich von pons = Brücke ab.

 Römische Legionäre aus Bronze bei Pfünz ▶

Von Pfünz aus (Rastplatz ohne Zeltmöglichkeit) lohnt sich über den Ausstieg links hinter der Brücke ein kurzer Abstecher zu Fuß auf steilem Weg hinauf zum Römerkastell auf dem Kirchberg. Das Kastell Vetoniana wurde etwa um das Jahr 90 n. Chr. zur Sicherung des Altmühlübergangs wichtiger römischer Straßen zunächst als Holzkastell errichtet und später in Stein ausgebaut. Ausgrabungen aus der Zeit um 1900, von 1960 und 1986/87 förderten Grundmauern und Umwallungen, reiche Funde von Gebrauchsgegenständen sowie Skelette der Mitte des 3. Jahrhunderts von den Alamannenstürmen überraschten Legionäre zutage. Die Ausmaße des Kastells von 145 mal 198 Metern sowie das restaurierte Nordtor, die Ecktürme und weitere Mauerteile vermitteln recht anschaulich, wie imposant die römische Befestigungsanlage einst war. Das Ortsbild von Pfünz wird von einem mauerumgürteten Schloß nahe der Altmühl beherrscht. Es dient der Diözese Eichstätt zusammen mit einem benachbarten modernen Bau als Jugendhaus.
Auf dem weiteren Weg altmühlabwärts müssen Kanufahrer ab Juni mit Verkrautung rechnen. Die gutgedüngten Unterwasserpflanzen – sie erhalten ihre Nährstoffe aus den angrenzenden Landwirtschaftsflächen – sind gewöhnlich harmlos, solange sie keine großen Steine verdecken oder keine dicken Polster bilden, die das Boot einseitig anheben.
Der nächste Ort **Inching** (77,6) bietet vor der Brücke links einen Rastplatz mit Zeltmöglichkeit. Die behäbigen Jurahäuser, die mittelalterliche Kirche und das Barockschlößchen verleihen dem Dorf eine reizvolle Atmosphäre. Bald ist **Walting** (74) erreicht. Hier gelangen Bootwanderer an ein Mühlenwehr. Nach dem Umtragen ist beim Einsetzen Vorsicht geboten. Dicke Steine können bei Mittel- und Niedrigwasser kräftige Kratzer auf der Bootshaut hinterlassen.
Entsprechend den Streckenabschnitten der hinten eingebundenen Flußwanderkarte beginnt in Walting auch ein neuer Abschnitt der Beschreibung.

Unter überhängenden Weiden und an Felsen entlang

Von Walting bis Töging

Durch die Bogen der steinernen Brücke von Walting hindurch, vom Segen des Brückenheiligen begleitet, geht es nach **Rieshofen** (71 – nur Rastplatz). Von der ehemaligen Wasserburg ist nur noch ein aus mächtigen Quadern gefügter Bergfried erhalten geblieben. Der schmale Altmühlsteg ist bei Niedrigwasser in der Mitte zu passieren. Die Altmühl wendet sich nun nach Osten. Hinter der nächsten Flußbiegung taucht **Pfalzpaint** (69,8) auf. Neben der Kirche steht ein dreigeschossiger Turm, der Rest einer romanischen Burganlage, einst der Sitz wechselnder Grundherren.

Wo die Altmühl hinter Pfalzpaint nach Süden biegt, beginnt auf dem Osthang ein 70 Hektar großes Naturschutzgebiet, die Gungoldinger Wacholderheide. Sie gilt als die schönste Heide mit Trockenrasen im Naturpark Altmühltal. Ihr Gepräge erhält sie von den teils buschigen, teils säulenartigen Sträuchern des Gemeinen Wacholders. Die **Gungoldinger Wacholderheide** entstand im Mittelalter durch Rodung des Waldes und Viehbeweidung. Auf der Fläche konnten sich dann die Pflanzenarten des Trockenrasens ausbreiten. Es gibt hier prachtvolle Polster der Felsennelke und der sehr seltenen Spitzblättrigen Miere, das Kahlblättrige Heideröschen und drei Enzian-Arten: Frühlingsenzian, Gefranster Enzian und Deutscher Enzian. Außerdem blühen hier – wie auf den anderen Trockenrasenhängen – im Frühling die Küchenschelle und im Spätsommer und Herbst die Silberdistel. Es versteht sich von selbst, daß man die Pflanzen- und Tierwelt in diesem Naturschutzgebiet nicht stört.

Gungolding (67,8) hält für Wasserwanderer einen Zeltplatz bereit. Er liegt gleich hinter der Brücke links. Von hier aus gelangt man auch auf dem kürzesten Weg zur Wacholderheide bzw. zu der auf halbem Weg gelegenen Maria-Hilf-Kirche. Am Anfang der großen Altmühlschleife hinter Gungolding sind gegenüber dem „Nonnenstein“ (auf der linken Uferseite) Spuren einer ehemaligen Wasserburg erkennbar. Die Reste dieses Burgstalls Rauenwörth liegen in einem Feuchtbiotop, das gefährdeten Tieren und Pflanzen ungestörten Lebensraum bieten soll. Die Flußwanderer werden dann vom Anblick der Burg Arnsberg gefes-

selt. Hoch und beherrschend erhebt sie sich auf einem 120 Meter senkrecht abfallenden Dolomitfelsen. Der Ort **Arnsberg** (65,9) war früher durch Mauern mit der Burg verbunden. Die Eichstätter Fürstbischöfe, die die Burg 1473 kauften, benutzten sie als Jagdschloß. Am Fuß des Burgberges, ganz in der Nähe der Kapelle St. Sebastian, beginnt der Wanderweg in das Naturschutzgebiet Arnsberger Leite. Der steile Hang bietet eine der schönsten Pflanzengesellschaften von Steppenheide und Halbtrockenrasen im Naturpark und wurde deshalb unter Schutz gestellt. In Arnsberg gibt es Übernachtungsmöglichkeiten in Beherbergungsbetrieben, aber keinen Zeltplatz.
Hinter einer s-förmigen Flußschleife – der Weiler **Regelmannsbrunn** (61,2) mit seinem Altmühlsteg ist bereits passiert – taucht mitten in den Feldern die Kirche von **Böhming** (60,5) auf. Sie wurde an der Stelle des Lagerheiligtums eines römischen Kastells am Limes errichtet. Um die Kirche verläuft ein Wall, der Überreste der Kastellmauern enthält. Zahlreiche 1898 hier ausgegrabene Funde sind im Museum des Historischen Vereins auf der Willibaldsburg in Eichstätt zu sehen. Bischof Otto von Eichstätt weihte die Kirche 1182 Johannes dem Täufer. Im 15. Jahrhundert wurde sie durch einen Neubau ersetzt, dessen Turm den für das Altmühltal typischen Stufengiebel erhielt. Das heutige Kirchenschiff stammt von 1871. Das Mesnerhaus neben der Kirche ist ein malerischer Fachwerkbau mit flachgeneigtem Kalkschieferdach.
Dort, wo in **KIPFENBERG** (58,9) die Brücke den Fluß überspannt, führte einst der römische Limes über die Altmühl. Daran erinnert ein vom Bayern-König Maximilian II. gesetzter Gedenkstein. Ebenfalls durch einen Gedenkstein ist bei Kipfenberg der geografische Mittelpunkt Bayerns markiert. Der Staatlich anerkannte Erholungsort mit seinen 4000 Einwohnern wird von einer mächtigen Burganlage überragt. Die mittelalterliche Marktbefestigung mit Mauern und Graben aus dem 14. Jahrhundert schloß sich beiderseits der Burg an. Nur wenige Reste sind davon erhalten. Burg und Markt, deren Anfänge im dunkeln liegen, wurden 1301 von Konrad Kropf an das Hochstift Eichstätt verkauft. Nach der Säkularisation ging die Burg in Privatbesitz über und verfiel; zwischen 1914 und 1925 wurde sie geschickt als mittelalterliche Anlage restauriert. Auf dem gegenüberliegenden

Die Fasenickl — altes Brauchtum in Kipfenberg

Michelsberg befinden sich Gräben, Wälle und Mauerreste aus verschiedenen Epochen von der Bronze-, Hallstatt- und Latènezeit bis zur Zeit der Römer, Alamannen und Bajuwaren. Im frühen Mittelalter trat der Berg seine Rolle an den Schloßberg ab. Berühmt sind die „Fasenickl", die in Rautengewändern und Holzmasken mit Peitschen den Winter austreiben.
Wer im Ort bleiben will, kann am Campingplatz vor der Brücke oder unmittelbar hinter der Brücke rechts aussteigen. Kipfenberg zieht mit seiner schönen Lage alljährlich viele Gäste an. Ihnen stehen vielfältige Freizeiteinrichtungen zur Verfügung. In zahlreichen Hotels, Gasthöfen und Privatpensionen mit gediegenem Komfort wird bestens für die Gäste gesorgt.

Bajuwaren- und Römermuseum in den ehemaligen Wirtschaftsgebäuden der Burg Kipfenberg mit den Themenbereichen Altsteinzeit, Geschichte der frühen Bajuwaren römische Funde aus Kipfenberg und Umgebung, Heimatgeschichte, geöffnet (voraussichtlich ab 1997) Mai bis Oktober täglich 9 bis 12 Uhr und 14 bis 18 Uhr, Ansprechpartner Christian Weiß, Tel/Fax 08465/571.

Fastnachtsmuseum „Fasenickl", Torbäckgasse 1, Tel (08465) 669 (Pflaum), 3105 (Christ), Fasenachtsbrauchtum im Altmühltal und im fränkischen Raum, geöffnet 1. April bis 31. Oktober mittwochs 15 bis 18 Uhr, sonntags 14 bis 17 Uhr, Gruppen nach Vereinbarung.

Außerdem: Burg Kipfenberg (Privatbesitz), Burgruine oberhalb Arnsberg, Außenanlagen jederzeit zugänglich.

Wallfahrtskirche Heilig Kreuz, Schambach, Schlüssel bei Wagner neben der Kirche, Gnadenbild mit Kreuzpartikel, erste Kirche 11. Jh., jetziger Bau 18. Jh.

Information: Tourist-Information, Marktplatz 2, 85110 Kipfenberg, Tel (08465) 941041, 941042.

Auf dem weiteren Weg über **Grösdorf** nach **Ilbling** (Bootsrastplatz) durchfahren Flußwanderer mehre stille Kurven und kleine Brücken. Nachdem die Autobahn unterquert ist, fällt der Blick auf Kinding (52,3). Am Ortsanfang fließt von links kommend die Schwarzach zu. Gleich dahinter liegt der von beiden Flüssen, der Umgehungsstraße und der Straßenbrücke (Abzweigung nach Kipfenberg) eingerahmte Bootsrastplatz mit Zeltmöglichkeit. Von der Umgehungsstraße ließe sich der Platz zum Be- und Entladen zwar anfahren, dennoch sind Kraftfahrzeuge dort laut Hinweistafel unerwünscht.

KINDING an der Mündung der Schwarzach in die Altmühl besitzt eine sehenswerte Wehrkirche. Der innere Friedhof ist von einer festungsartigen Mauer mit Schießscharten und drei hohen Wehrtürmen umgeben. Die aus dem 14. Jahrhundert stammende Anlage weist die für das Altmühltal typischen gotischen Stufengiebel auf. An der Südseite schließt sich ein zweiter ummauerter Friedhof an, der als Vorbefestigung diente. Der spitzhelmige Turm der Kirche, die in ihren Grundmauern aus römischer Zeit stammt, beherrscht das Ortsbild. In Kinding werden alle Gäste mit Herzlichkeit aufgenommen, ob sie für einen Tag oder für längere Zeit verweilen.

Wehrkirche, An der Wehrkirche 1, Befestigung mit drei Türmen aus dem 14./15. Jahrhundert, Kirche Barockausstattung. Ringmauer tagsüber bis 18 Uhr zugänglich, Kirchenschlüssel bei Lorenz Geyer, Marktplatz 5.

Technikmuseum „Anno dazumal", Kratzmühle, alte Technik aus Landwirtschaft, Handwerk, Haushalt und Verkehr, geöffnet Mitte März bis Ende Oktober freitags 14 bis 19 Uhr, samstags, sonn- und feiertags 10 bis 19 Uhr, mittwochs 16 bis 20 Uhr; November bis Mitte März samstags, sonn- und feiertags 13 bis 17 Uhr. Auskunft Kulturhistorischer Verein Beilngries-Kinding e.V. Rebhuhnweg 1, 92339 Beilngries, Tel 08461/8318 o. 9682.

Außerdem: Ruine Rumburg bei Enkering, jederzeit zugänglich. Führungen für Gruppen ab 10 Personen, Auskunft Fremdenverkehrsverein, Tel. (08467) 372; Ruine Rundeck bei Erlingshofen, über Wanderwege zu erreichen; Archäologischer Pfad auf dem Schellenberg mit Schautafeln über die Keltenzeit (von Enkering aus).

Information: Verkehrsamt, Rathaus, 85125 Kinding, Tel. (08467) 8401-0; Fremdenverkehrsverein, 85125 Kinding, Tel. (08467) 372.

Hinter der Kindinger Straßenbrücke ist in den Sommermonaten (bei Niedrigwasser) Vorsicht geboten. Auf einer Strecke von gut 100 Metern können Verkrautung und Kiesbänke die Fahrt unterbrechen, knapp unter der Wasseroberfläche liegende Steine sogar das Boot beschädigen. Besonders Vorsichtige – dazu gehören auch die Faltbootfahrer – sollten ganz langsam, eventuell sogar rückwärts, paddeln oder notfalls das Boot vorübergehend entlasten und an Leinen führen.

Vorbei an mehreren Altwasserarmen gelangt man nach **Unteremmendorf** (49). Hier gibt es einen Rastplatz ohne Zeltmöglichkeit. Auf der Anhöhe über dem Ort finden sich drei Burgställe. Großartig wirkt das zwischen Bäumen gut versteckte Felsentor, das im Sommer vom Fluß aus kaum zu erkennen ist. Der Aufstieg dorthin wird mit einem herrlichen Ausblick belohnt.

Das nächste Wehr erwartet die Kanufahrer am **Erholungszentrum Kratzmühle** in Pfraundorf (46,3). Beim Umtragen der Boote auf der linken Seite wird man zwar durch recht enge Wegbegrenzungen – besonders mit breiten Canadiern – etwas behindert, doch der Platz hinter der Brücke liegt so idyllisch, daß eine Rast unter Bäumen zum Genuß wird. Das Erholungszentrum bietet neben dem 15 Hektar großen, künstlich angeleg-

ten Badesee Campingplatz und Feriendorf, Seerestaurant und Gaststätte, Minigolf, Grillplätze und Bootsverleih (auch für die Altmühl).
Während der Weiterfahrt an **Kirchanhausen** vorbei hat man ständig das **Schloß Hirschberg** vor sich, das sich nördlich der Altmühl hoch oben auf dem ehemaligen Prallhang der Donau erhebt. Die weitläufige Anlage des Schlosses trat an die Stelle einer Ende des 12. Jahrhunderts erbauten romanischen Grafenburg. Der um 1400 errichtete gotische Wohnbau wurde 1650 bei einem Brand zerstört, anschließend von Jakob Engel wieder aufgebaut und 1729 von Gabriel de Gabrieli erweitert. Das Barockschloß mit seinen Prunkräumen in Rokokoausstattung von Maurizio Pedetti entstand als Sommerresidenz der Eichstätter Fürstbischöfe in den Jahren 1760 bis 1765. Erhalten blieben die beiden wuchtigen Türme der alten Grafenburg, bekrönt von typischen Stufengiebeln. Nach der Säkularisation wurde Hirschberg vom Herzog von Leuchtenberg, Eugène Beauharnais, als Jagdschloß nutzt. 1833 fiel es an den bayerischen Staat, von dem es die Diözese Eichstätt erwarb. Sie verwendet das Schloß seit 1925 als Exerzitienhaus, dem auch eine moderne Kapelle angefügt ist.
Hinter einer Rechtskurve taucht dann die Stadt **BEILNGRIES** (43,3) auf. Der Staatlich anerkannte Erholungsort (7200 Einwohner) besitzt gleich am Ortsrand einen schönen Campingplatz am linken Altmühlufer. In unmittelbarer Nähe liegt auch das beheizte Freibad. Wer den historischen Altstadtkern besuchen will, fährt ein paar hundert Meter weiter und steigt links unmittelbar vor der Straßenbrücke am gekennzeichneten Bootsrastplatz aus.
Beilngries liegt am Zusammenfluß von Sulz und Altmühl. Hier verlassen der ehemalige Ludwig-Donau-Main-Kanal sowie der neue Main-Donau-Kanal – beide von Norden kommend – das Sulztal und biegen nach Osten ins Ottmaringer Tal ab. Am neuen Kanal sind hier nahe einer Straßenbrücke ein vorbildlicher Sportboothafen mit einer Gaststätte und die Anlegestelle für die Personenschiffahrt entstanden.
Die Altstadt mit ihren breiten, behäbigen Bürgerhäusern und ihren engen Gäßchen ist von einer weitgehend erhaltenen Stadtmauer umgeben. Durch seine gepflegte Gastronomie sowie sei-

ne zentrale und verkehrsgünstige Lage im Altmühltal hat sich Beilngries zu einem Schwerpunkt des Fremdenverkehrs entwickelt. Seinen Gästen stellt es alle Möglichkeiten für einen erholsamen und erlebnisreichen Aufenthalt zur Verfügung. Besonders sehenswert sind das bereits beschriebene Schloß Hirschberg (zu Fuß ca. 30 Minuten) und das am Weg dorthin liegende Brauereimuseum.

Brauereimuseum, Felsenkeller-Labyrinth, Fa. J. B. Prinstner, Bräuhausstraße 36, Tel. (08461) 1033. 350 m lange Gänge mit Brauereigeräten, Dia-Vortrag. Gruppenführungen von Mitte April bis Ende September samstags 10.30 Uhr sowie ganzjährig nach Vereinbarung.
Außerdem: teilweise erhaltene Ringmauer mit 9 Türmen (15. Jh.); Pfarrkirche St. Vitus in Kottingwörth, Ostchor mit frühgotischen Fresken, reiche Innenausstattung (18. Jh.), tagsüber zugänglich.
Schloß Hirschberg, Exerzitienhaus der Diözese Eichstätt, Tel. (08461) 7277 (Direktion), 8776 (Schloßwart). Fürstbischöfliches Sommer- und Jagdschloß, Umbau einer romanisch-gotischen Anlage 1760/65 von Maurizio Pedetti, Kapelle von 1970. Besichtigung und Führungen nach Vereinbarung.
Informationszentrum der Rhein-Main-Donau AG, Gösselthalmühle, Gösselthal 33, 92339 Beilngries, Tel. (08461) 7588, 7558, Informationen über den Kanalbau, Film- und Diavorführungen, nur Gruppenführungen (ab 10 Pers.) nach Vereinbarung.
Personenschiffahrt auf dem Main-Donau-Kanal, Linienverkehr von Mai bis Oktober zwischen Kelheim, Essing, Riedenburg, Dietfurt, Beilngries, Berching, Tel.(09441) 207-125 o. 21801.

Information: Touristik-Verband, Haus des Gastes, Hauptstr. 14, 92339 Beilngries, Tel. (08461) 8435.

Unterhalb der Brücke von Beilngries kann es Flachstellen geben. 400 Meter dahinter mündet die Sulz (linker Nebenfluß der Altmühl) ein. Obwohl noch mehrere Flußwindungen entfernt, kündigen sich schon bald die beiden Zwiebeltürme der Wehrkirche von **Kottingwörth** (38,6) an. Lohnenswert ist ein Besuch des Dorfes schon wegen dieses Gotteshauses. Eine erste Kirche entstand im 12. Jahrhundert, dem heilgen Vitus (Veit) geweiht. Sie wurde vom Eichstätter Baumeister Domenico Barbieri ab 1760 umgestaltet. Dabei blieben die Fresken von 1270 im Untergeschoß des einen Turmes – dem ehemaligen Chor – er-

Der Flurerturm an der Stadtmauer von Beilngries ▶

halten. Dargestellt sind Christus als Weltenrichter, die Symbole der vier Evangelisten, das Martyrium des heiligen Veit sowie andere Apostel und Heilige. Wer sein Zelt in Kottingwörth aufschlagen möchte, der findet vor dem Ortsende auf der linken Seite einen Rastplatz.
Bei der Weiterfahrt hält man sich an der Kottingwörther Mühle (37,8) links – rechts zweigt der Mühlkanal ab – und steigt vor dem Wehr links aus. Nach kurzer Umtragestrecke geht es in Richtung **Grögling** weiter. Dort gibt es vor der Brücke einen Rastplatz, jedoch keinen Stellplatz für das Zelt.
Töging (34) ist Endstation für all jene Wasserwanderer, die nur die „unverfälschte“ Altmühl befahren möchten. Der Fluß wurde ab der niedrigen Eisenbrücke verbreitert und um ein Altwasser bereichert. Der einst links unter hohen Schwarzpappeln gelegene Campingplatz ist verschwunden. Wer die Beschaulichkeit der Altmühl über alles liebt, mag hier wie früher rasten oder seine Flußfahrt einfach beenden.
Der weitere Weg in den Main-Donau-Kanal wird – was den Bootsfahrern auch auf einem Schild angekündigt wird – vom Flußwasser-Kraftwerk Töging versperrt. Es nutzt den Niveau-Unterschied von etwa vier Metern zwischen der Altmühl und dem Kanal. Ein blau-weißes Gebotsschild (Ruderboot-Symbol) weist auf die Ausstiegsmöglichkeit über eine Bootsrampe am rechten Flußufer hin. Auf einer ebenssolchen Bootsrampe kann man gleich unterhalb des kleines Kraftwerks wieder einsetzen.

Von Töging bis Kelheim

Zwischen Töging und Dietfurt änderte früher die Altmühl ihre Fließrichtung in einem engen Bogen von Nordost nach Südost. Davon ist nach der gewaltigen Landschaftsveränderung im Zuge des Kanalbaus nichts mehr zu erkennen. Bootfahrer, die eventuell noch die frühere Situation kennen, müssen sich neu orientieren. Beim Umtragen des Bootes fällt hinter dem Kraftwerk Töging das kleine, sich mehrfach teilende Fließgewässer auf der rechten Uferseite auf. Es nimmt das Oberflächenwasser der Hänge auf und soll die sehr hoch über dem Kanalbett liegende Uferböschung dauerhaft begrünen helfen. Der weitere Blick auf dieses Bachbiotop, das sich bis Griesstetten hinzieht, bleibt den tief im Kanal fahrenden Paddlern jedoch verwehrt.
Zunächst beeindruckt die Weite des neuen Flußbetts. Aus der ungewohnten Froschperspektive – die Uferböschungen reichen hier gut fünf Meter über den Wasserspiegel – wirken Uferbefestigungen, Gebäude und Brücken überdimensioniert. Auf den breiten Main-Donau-Kanal zufahrend, gewinnt man den Eindruck, sich einer richtigen Wasserstraßenkreuzung zu nähern: links und rechts die 55 Meter breite Schiffahrtsstraße und auf der anderen Kanalseite ein der Altmühl ähnliches Gewässer. Bei diesem kaskadenartig in den Kanal stürzenden Zulauf handelt es sich um die Weiße Laber, die einst fast unauffällig der Altmühl zufloß. Wer zur Mitte des Europakanals paddelt oder gar nach links um die Ecke biegt, sieht einen erhaltenen Abschnitt des alten Ludwigskanals. Er endet, gesäumt von einer Allee, unmittelbar an der Böschungskante der neuen Wasserstraße. Auf dem nördlichen Kanalufer ist eines der Schleusenwärterhäuschen des Ludwigskanals erhalten.
Rastmöglichkeiten im Biergarten einer Gaststätte auf einer Terrasse über dem Kanal – mit guter Aussicht – bietet der Dietfurter Ortsteil **Griesstetten** (32,9) mit dem Wallfahrtskirchlein „Zu den drei elenden Heiligen". Bootsrampen und Treppen liegen unmittelbar rechts hinter der neuen Straßenbrücke, über die man Dietfurt (1 km) zu Fuß erreichen kann. Gleich links hinter der Brücke ist die Lände (mit Pavillon) für die Personenschifffahrt; außerdem gibt es Bootstreppen und -Rampen.

◀ *Erholung am Kratzmühlesee bei Kinding*

Das Altmühltal zwischen Dietfurt und Kelheim hat nach Abschluß der Kanalbauarbeiten manches von seinem Reiz zurückgewonnen, insbesondere in den schon seit vielen Jahren fertiggestellten Teilabschnitten. Die kanalisierte Altmühl müssen sich die Paddler allerdings mit den Motorbootfahrern und der Berufsschiffahrt teilen.
Die „Sieben-Täler-Stadt" **DIETFURT** (2600 Einwohner) hat ihr spätmittelalterliches Bild mit dem Mauerring aus dem 14. Jahrhundert, sechs von ehemals 13 Türmen und vielen flachgiebeligen Altmühlhäusern sehr gut erhalten. Die gotische Pfarrkirche St. Aegidius mit dem 75 Meter hohen, spitzen Turm wurde 1736 umgebaut. Sehenswert sind im Innern vor allem die Kunstwerke des Rokoko-Bildhauers Ignaz Günther (Anbetungsengel am Hochaltar) und des Renaissance-Plastikers Loy Hering (Relief neben dem rechten Seitenaltar). Die Klosterkirche der Franziskaner stammt aus dem 17. Jahrhundert. Das breite, repräsentative Rathaus inmitten des bayerischen Straßenmarktes mit dem für das Altmühltal typischen Stufengiebel wurde um 1470 gebaut. Der Staatlich anerkannte Erholungsort bietet seinen Gästen zahlreiche Fremdenverkehrseinrichtungen.

Prähistorisches Museum, Hollerhaus, Pfarrgasse 6, geöffnet Mai bis September freitags, samstags und sonntags 14.30 bis 16.30 Uhr und auf Anfrage, Tel. (08464) 6400-19.
Wallfahrtskirche „Zu den drei Elenden Heiligen" Griesstetten, Barockbau, Fresken, Schlüssel beim benachbarten Anwesen Sterr, Gruppenführungen nach Vereinbarung mit dem Verkehrsbüro.
Personenschiffahrt auf dem Main-Donau-Kanal, Linienverkehr von Mai bis Oktober zwischen Kelheim, Essing, Riedenburg, Dietfurt, Beilngries, Berching, Tel.(09441) 207-125 o. 21801.

Information: Städt. Verkehrsbüro, 92345 Dietfurt a. d. Altmühl, Tel. (08464) 6400-19.

Von Griesstetten bis zur Höhe von **Einsiedel** zieht man an verbliebenen Nebenarmen und Totwassern der Altmühl vorbei, die aus dem Kanal heraus nur teilweise einzusehen sind. Die alte Wehr- und Schleusenanlage **Mühlbach** bleibt, vom Kanal unberührt, auf der linken Seite liegen. Dorthin mag es manche Paddler ziehen, die dem Lärm und dem Wellenschlag der Motorschif-

◀ *Die Burg Prunn auf steilem Fels im unteren Altmühltal*

fe entfliehen möchte, um vor nostalgischer Kulisse von vergangenen, stilleren Altmühlzeiten zu träumen.
Wer einen weiten Ausblick auf das Altmühltal sucht, könnte in **Meihern** (26) anlegen. Der Ausstieg befindet sich 100 Meter links vor der neuen stählernen Hängebrücke. Boote können aber auch auf dem Gelände am alten Schleusenwärterhäuschen auf der gegenüberliegenden Seite abgestellt werden. Der steile Weg hinauf zur Ruine Flügelsberg verlangt Kondition für anstrengende 20 Minuten. Die herrliche Aussicht sollte das aber wert sein.
Nun geht es weiter in Richtung Riedenburg. Von rechts oben grüßt Schloß Eggersberg. Der eigenwillige Bau mit den steilen Treppengiebeln und den mit Zwiebelhauben gedeckten Ecktürmen stammt vom Anfang des 17. Jahrhunderts und dient heute als Schloßhotel. Bei **Untereggersberg** (23) holt das Altmühltal zu einem weiten Bogen nach Norden aus, um dann nach Gundlfing fast auf Gegenkurs zu gehen. Unterhalb der Kapelle St. Agatha auf der rechten Seite wurde ein Badeweiher angelegt. Im Scheitel der Kurve taucht auf der rechten Uferseite auch die Einfahrt eines kleinen Sportboothafens auf. Ab hier macht sich die Staustufe Riedenburg-Haidhof bemerkbar. Das Kanalbett wird breiter, die ohnehin geringe Strömung schwächer. Man hat Muße, um zum Himmel zu schauen. Die hochgelegene Hangkante auf der linken Seite bietet „Drachenfliegern“ bei Winden aus Nordwest bis Südwest ideale Hangflugbedingungen. Es ist ein ästhetischer Genuß, den lautlos fliegenden, „beschwingten“ Hängegleitern zuzusehen.
Paddler hingegen müssen überlegen, wie sie vor der **Schleuse Riedenburg-Haidhof** (18) wieder festen Boden unter die Füße bekommen. In respektabler Entfernung zum Wehr gibt es am linken Kanalufer die obligatorische Slipanlage für alle Boote, die nicht geschleust werden. Für das Umsetzen sind Bootswagen oder Transportkullerchen zu empfehlen, zumal der gut 300 Meter lange Weg asphaltiert ist. In sicherer Distanz zur Schleuse wechselt man die Fahrwasserseite (Vorsicht bei Schiffsverkehr!) und nähert sich dem Campingplatz von Riedenburg (17).
Die beiden Staustufen im Altmühltal Riedenburg-Haidhof und Kelheim-Gronsdorf sind allerdings auch mit Kleinschleusen für den Sportbootverkehr versehen. Die Anlage ist von den Boots-

Die größte Bergkristallgruppe der Welt in Riedenburg (Ausschnitt)

fahrern anhand einer ausführlichen Anleitung selbst zu bedienen. Das setzt voraus, daß man von der Anlegestelle an der Schleuseneinfahrt zu Fuß zur Schleusenkammer geht. Die Sportbootschleusen befinden sich annähernd in der Mitte des Kanals zwischen der großen Schleusenkammer und dem Wehrbereich. Die Anlegestellen sind für Kajakfahrer aber nicht gut geeignet. Da eine Schleusung zudem naturgemäß mit Wartezeiten verbunden ist, wird sie nicht für alle Kanufahrer in Frage kommen.

Der Staatlich anerkannte Luftkurort **RIEDENBURG** (152,5), auch „Perle des unteren Altmühltals“ genannt, verdankt diesen Ruf seiner landschaftlich reizvollen Lage. Neben den Burgruinen Rabenstein und Tachenstein thront die aus dem 13. Jahrhundert stammende Rosenburg hoch über dem Ort. Die historische Anlage ist in jüngster Zeit zu neuem Leben erweckt worden. Ein Falkenhof sowie das Burg- und Falknereimuseum haben im Schloß eine ideale Unterkunft gefunden. Die Flugvorführungen der dort gehaltenen Falken, Adler, Geier und Milane kann man im Sommerhalbjahr auch vom Wasser aus bewundern. Als besondere Attraktion gibt es in Riedenburg ein Kristallmuseum. Es beherbergt nicht nur die größte Bergkristallgruppe der Welt (7,8 Tonnen), sondern auch die weltgrößte Sammlung historischer Diamanten-Replikate, dann eine Sammlung der edelsten Steine der Erde sowie eine umfangreiche Turmalinsammlung. Die alte Fremdenverkehrsstadt hat überdies ihren Besuchern viel zu bieten: einerseits gepflegte Gastlichkeit, andererseits kulturelle Veranstaltungen und zahlreiche Möglichkeiten, seinen Hobbys nachzugehen.
Der Main-Donau-Kanal hat das Gesicht von Riedenburg verändert. Neue Brücken überspannen das Tal, eine attraktive Uferbebauung umgibt die Lände. Hier halten Personenschiffe aus Richtung Kelheim und Richtung Berching. Am südöstlichen Ortsrand wurde die Einmündung der Schambach parkartig gestaltet.

Kristallmuseum mit der größten Bergkristallgruppe der Welt, Replikate historischer Diamanten, Edelstein- und Turmalinsammlung, „Faßlwirtschaft“ Tel. (09442) 1811, geöffnet März bis Oktober täglich 9 bis 18 Uhr, übrige Zeiten für Gruppen nach Vereinbarung.

Falkenhof, Rosenburg, Tel. (09442) 2752, Greifvögelvolieren, Falknereimuseum, Burgmuseum, Altmühlfauna, Burgschenke. Geöffnet von März bis Ende Oktober täglich 9 bis 17 Uhr; Flugvorführungen von Greifvögeln täglich außer montags 11 und 15 Uhr, für Gruppen nach Vereinbarung.

Hofmarkmuseum Schloß Eggersberg, Tel. (09442) 1374, Grabfunde aus der Hallstattzeit, Darstellung der mittelalterlichen Burg und der Pfarrei Eggersberg, Sammlung der Herren von Bassus, klassische Altmühltalgraphik, geöffnet April bis Oktober mittwochs bis sonntags 14 bis 17 Uhr.

Bauernhofmuseum Echendorf, Tel. (09442) 2057, geöffnet täglich 8 bis 17 Uhr, Vorführungen (ab 10 Personen) samstags und sonntags 13 bis 17 Uhr, Gruppen nach Vereinbarung.
Schloß Prunn, Tel. (09442) 1765. Eine der besterhaltenen Ritterburgen Bayerns auf 70 m hohem Fels über der Altmühl, Fundstelle einer Handschrift des Nibelungenliedes, Renaissance-Wohnbau. Führungen vom 1. April bis 31. Oktober täglich 9 bis 11.30 und 13 bis 16.30 Uhr, vom 1. November bis 31. März täglich 10 bis 11.30 und 13 bis 15.30 Uhr außer montags.
Personenschiffahrt auf dem Main-Donau-Kanal, Linienverkehr von Mai bis Oktober zwischen Kelheim, Essing, Riedenburg, Dietfurt, Beilngries, Berching, Tel.(09441) 207-125 o. 21801.

Information: Verkehrsamt, Haus des Gastes, Marktplatz 1, 93339 Riedenburg, Tel. (09442) 90 50 00.

Die Fahrt durch Riedenburg ist nach dem Umbau der Altmühl problemlos geworden, dafür fehlt die stimmungsvolle Passage, die früher durch den Campingplatz führte. Heute ist der Campingplatz über die Treppen auf dem rechten, westlichen Kanalufer zu erreichen. Während Bootwanderer innerhalb der Ortsdurchfahrt früher mühsam zweimal umtragen mußten, gleiten sie heute ohne jede Behinderung durch die Stadt. Die ungewohnte Umgebung wird sicherlich viele Kenner des „alten" Altmühltals durch ihre Weitläufigkeit beeindrucken. Doch manchen Paddler, tief im Kanalbett sitzend, mag das Gefühl beschleichen, als sei die Stadt eher auf Distanz gegangen.
Wer Riedenburg und seine Sehenswürdigkeiten genießen will, kann entweder vor der ersten Brücke rechts eine Slipanlage oder nach der zweiten Brücke rechts eine Treppe benutzen. Vom letztgenannten Ausstieg aus bekommt man einen guten Überblick über die wasserbaulich interessante Gestaltung der Schambachmündung. In Höhe der letzten Häuser von Riedenburg erblickt man links an der Straße das Schlößchen Aicholding mit seiner romanischen Wehrkirche.
Weithin sichtbar steht jetzt die Burg Prunn (13,2) über dem Talraum. Sie wurde auf einem 70 Meter steil über dem Tal aufragenden Felsen erbaut. Dieses Idealbild einer süddeutschen Ritterburg ist eine Gründung des frühen Mittelalters. Ein Wernherus de Prunne wurde 1307 erwähnt. Seit 1288 gehörte die Burg den Wittelsbachern, die sie als Lehen vergaben. 1491 in Brand

geschossen, wurde sie danach wieder aufgebaut und in der Renaissance zu Wohnzwecken umgestaltet. 1575 entdeckte ein herzoglicher Geschichtsschreiber hier einen Teil des Nibelungenliedes, den sogenannten „Prunner Codex“. 1827 unter König Ludwig I. von Bayern und 1950 durch den Bayerischen Staat renoviert, stellt sich die Burg als eine der wohlerhaltensten Bayerns dar. Vom „Gotischen Zimmer“ und anderen Gemächern aus eröffnet sich ein weiter Ausblick ins Altmühltal. Die Orte

Altes Schleusenwärterhäuschen am neuen Kanal

Prunn und **Nußhausen** (12,7), die unterhalb der Burg liegen, können über Steintreppen erreicht werden. Sie befinden sich in einer kleinen Bucht 200 Meter vor der Schiffsanlegestelle Nußhausen am linken Ufer. Nach weiteren 100 Metern führt – ebenfalls links – ein anderer Ausstieg zum ehemaligen Campingplatz und der noch erhaltenen Wehranlage. Von Prunn aus gelangt man auf einem steilen Serpentinen-Sträßchen und anschließend einem Steig zur Burg hinauf.
Beim Kastlhof in **Pillhausen** steht Wasserwanderern ein idyllischer Ruheplatz zur Verfügung (samt Gastronomie, Campingplatz und festen Unterkünften). Von der gegenüberliegenden Kanalseite grüßt wie in alten Zeiten das Schleusenwärterhäuschen. Die vollständig erhaltene Schleusenanlage Nr. 5 des alten Ludwig-Donau-Main-Kanals mit dem Wehrkanal und dem Inselbereich bleibt Wasserwanderern jedoch verschlossen. So sehr dieses malerische Fleckchen auch zum Verweilen einlädt: Naturfreunde wissen, daß seltene, scheue Tierarten Ruheflächen wie diese Inselzonen dringend benötigen. Das zwei Hektar große Insel-Biotop beherbergt zudem eine biologische Forschungsstation der Universität Regensburg. Wissenschaftler erforschen, wie sich Flora und Fauna des unteren Altmühltals im Bereich des Kanals verändern.
Auf der rechten Talseite liegt die **Kastlhänghöhle**, eine große, gegliederte Höhle mit riesigen Verstürzen, die wahrscheinlich relativ jung sind. Ab 1888 wurden dort Grabungen durchgeführt, bei denen Knochen eiszeitlicher Tiere wie Schneehase, Mammut und Wildpferd gefunden wurden. Sie kann nur im Eingangsbereich betreten werden.
In dem nun folgenden Streckenabschnitt haben die Landschaftsplaner versucht, möglichst nährstoffarme Uferzonen zu schaffen, indem sie unter anderem Steinböschungen ohne Humuszonen anlegten. An der Südseite schließen sich geschützte Flachwasserzonen an. Sie sind lediglich durch einen bis knapp unter den Wasserspiegel reichenden Böschungsabsatz vom Kanal getrennt und sollen dadurch vom harten Wellenschlag verschont bleiben.
Auf der gegenüberliegenden Seite steigen Felsschroffen senkrecht auf. Sie markieren den Beginn eines Trockentals, das von der Altmühl gekreuzt wird. Dieses „Galgental“ hat seinen Na-

men einer Überlieferung zufolge von der einstigen Wohnung des Scharfrichters im „Felsenhäusl“, das sich am nördlichen Talhang an eine Felswand schmiegt.
In Höhe der **Weihermühle** (7,2) überspannt eine moderne Brückenkonstruktion kühn die Wasserstraße. Europas längste Holzbrücke mißt 197 Meter. Unmittelbar links dahinter sollten Wasserwanderer eigentlich den Kanal verlassen, das Boot über die Straße tragen und im verbliebenen Altwasserarm weiterfahren, der von Karstquellen gespeist wird. Das Umtragen ist beschwerlich und mit einem Umweg verbunden, lohnt aber die Mühe. Die folgenden 1200 Meter führen längs des malerischen Marktfleckens **ESSING**, der mit seinem Torturm und der vorgelagerten alten Holzbrücke ein lohnendes Objekt für Fotografen ist. Dieses stimmungsvolle Bild des Ortes, eingerahmt von den Riffkalk-Felswänden und der hoch über dem Ort thronenden Burgruine **Randeck**, veranschaulicht eindrucksvoll, warum das untere Altmühltal mit dem Prädikat „romantisch“ versehen wird. Dieses Motiv wurde auch als Titelbild für den Bootwanderführer gewählt.
Die weitere Fahrt dauert nur wenige Minuten. Nachdem eine 30 Meter lange Unterführung unter der Straße nach Altessing passiert ist, gelangt man an eine Wehr- und Kläranlage. Hier endet der Ausflug an schmalen Steintreppen, über die man den Altwasserarm verlassen und nach 20 Metern in den Stichkanal einsetzen kann, der nach kurzer Strecke in den Main-Donau-Kanal mündet. Wer im Kanal bleiben will, sollte bei der „schwungvollen“ Fußgängerbrücke rechts anlegen und ein kurzes Stück hinaufsteigen zu den drei übereinander liegenden **Klausenhöhlen**. Den Eingangsbereich dieser bedeutenden altsteinzeitlichen Fundstätten kann man ohne Schwierigkeiten ergründen. Unter anderem wurden dort eine Steinplatte mit Wildpferdzeichnungen und ein Elfenbeinstück mit einer Mammutgravierung (ca. 15 000 v. Chr.) gefunden.
Zwischen Essing und **Altessing** (6,8) trifft man auf eine Schiffsanlegestelle, eine Straßenbrücke und eine breite Slipbahn für große Boote. Dann teilt sich das Wasser. Rechts zweigt der alte Kanal ab, links verläuft der neue. Eine Eisenbrücke verbindet die so geschaffene Insel mit dem System von künstlich geschaffenen Flach- und Tiefwasserzonen südlich des alten Kanals.

Diese geschützten und für Wasserwanderer gesperrten Zonen dienen als Lebensraum für bedrohte Tier- und Pflanzenarten.
Gegenüber auf der Nordseite des Tals ist ein Teilstück des alten Ludwigskanals, die Schleusenanlage Nr. 4 mit der prachtvollen Ahornallee, als Kulturdenkmal erhalten geblieben. Kanufahrer können hier zwischen zwei Wegen wählen: dem neuen Kanal und der alten Wasserstraße, die unmittelbar am Ortsrand von Altessing vorbeiführt.
Vor Oberau (6,5) lugen zwei Pavillons aus den bewaldeten Jurahängen der linken Talseite hervor; sie gehören zum Eingangsbereich der **Tropfsteinhöhle Schulerloch**. Vom Parkplatz aus, in dessen Höhe man ohne Treppen aussteigen kann, ist der Höhleneingang in etwa 15minütigem Aufstieg erreicht. Ein Besuch lohnt sich auf jeden Fall.
Die Wasserwirbel der Ur-Donau spülten einst die 400 Meter in den Fels reichenden Dome und Gänge aus. Mächtige Tropfsteinbildungen wurden vom kalkhaltigen Wasser in Jahrmillionen geschaffen. Seit der Altsteinzeit suchten Menschen diesen natürlichen Zufluchtsraum auf. Unterschlupf fanden auch die als Jäger und Sammler umherstreifenden Neandertaler, eine ausgestorbene Art der Vorfahren heutiger Menschen. Hunderte von Tierknochen und etwa 2600 Werkzeuge aus der Alt- und Jungsteinzeit wurden bei der Erforschung der Höhle im Jahr 1915 geborgen. Eine weitere wissenschaftliche Bedeutung hat das Große Schulerloch wegen der zahlreichen dort überwinternden Fledertiere.
Das unterhalb der großen Höhle am Hang versteckte Kleine Schulerloch ist durch eine 1937 entdeckte, in den Fels geritzte Zeichnung bekannt. Sie stellt einen Hirsch oder einen Steinbock dar. Die Diskussion um Echtheit und Alter der Zeichnung ist allerdings unter Wissenschaftlern noch nicht ausgestanden.

Burgruine Randeck, Tel. (09447) 322 (Frau Borst, Randeck 11, 93343 Essing). Reste der Bauten seit dem 11. Jahrhundert, Aussichtsturm, Einlaß und Führungen ganztägig.
Tropfsteinhöhle Schulerloch, oberhalb von Oberau, 93343 Essing, Tel. (09441) 3277 (vor 8.30 und nach 19 Uhr). 400 m in den Fels reichende Gänge, von der Ur-Donau ausgespült, Tropfsteinbildungen. Führungen zwischen Ostern und Ende Oktober, in der Regel 10 bis 16 Uhr halbstündlich (Führungszeiten am Parkplatz an

der Altmühlstraße Riedenburg-Kelheim angeschlagen). Gruppen auch nach Vereinbarung.

Information: Marktgemeinde, Marktplatz 1, 93343 Essing, Tel. (09447) 92 00 93.

Von Oberau aus hat man buchstäblich ein großes Ziel vor Augen: die Schleuse Kelheim-Gronsdorf (2,3). Mit einer Länge von 248 Metern und einer Stauhöhe von 8,40 Metern ist sie – wie die anderen Schleusen auch – für die Schleusung von zwei Gütermotorschiffen von je 90 Metern Länge und 1500 Tonnen Tragkraft oder einen zweigliedrigen Schubverband mit einer Länge von 185 Metern und 3300 Tonnen Tragkraft ausgelegt. Mit den auch in dieser Schleusenanlage vorhandenen fünf Pumpen werden bis zu 35 Kubikmeter Donauwasser pro Sekunde über die Scheitelhaltung des Kanals in das Regnitz-Main-Gebiet gepumpt werden. Da die Altmühl in trockenen Sommermonaten gelegentlich weniger Wasser als 35 Kubikmeter pro Sekunde in die Donau entläßt, könnte es theoretisch zu einer Umkehr der Fließrichtung kommen. Ob dann aber bei einer solchen Trockenheit der Donau überhaupt noch Wasser entnommen werden kann, bleibt abzuwarten.
Kanufahrer sollten sich der Schleuse Gronsdorf auf der rechten (südlichen) Fahrwasserseite nähern. Hier sind auch die Slipanlagen, die man für den Aus- und Einstieg benutzen muß. Beim Umtragen sind auf asphaltierten Wegen etwa 300 Meter zurückzulegen. Die Sportbootschleuse entspricht in ihrere Anlage der von Haidhof. Ab der Schleuse Gronsdorf haben Kanufahrer bis zur Mündung der Altmühl in die Donau bei Kelheimwinzer freie Fahrt.
In Kelheim bieten sich folgende Anlegestellen an: die Bootsrampe rund 200 Meter links vor der ersten Brücke, die Treppen 50 Meter links vor der ersten Brücke in einer kleinen Bucht und die Bootsrampe rechts hinter der dritten Brücke am Ortsrand. Entlang der Hochwasserschutzmauern im Bereich der Kernstadt ist das Anlegen nicht zu empfehlen, zumal der Abtransport von dort umständlich sein kann.
KELHEIM (15 000 Einwohner) als Schlußpunkt der Bootwanderfahrt auf der Altmühl ist auf jeden Fall einen Besuch wert. Die Gründung der früheren Residenzstadt der Wittelsbacher im

13. Jahrhundert mit rechteckigem Grundriß und Hauptstraßenkreuz geht auf Herzog Ludwig II. den Strengen zurück. Die teilweise noch erhaltenen Mauern mit drei Türmen und Altmühl-, Donau- sowie Mittertor stammen aus dem 13. und 14. Jahrhundert, die Pfarrkirche Mariä Himmelfahrt aus dem 15. Jahrhundert, die mächtige einschiffige Kirche des Franziskanerkloster von 1470. Das älteste Gotteshaus Kelheims ist die romanische St.-Michaels-Kirche. Die Wohnhäuser mit breiten Fassaden, flachen Giebeln und gelegentlich einem kleinen Erker entsprechen der typischen Bauform im Altmühltal.
Kelheim, 866 erstmals erwähnt, war Sitz der Gaugrafen, die ihre Burg auf der Donauinsel errichteten. Doch lange zuvor hatten die Kelten auf und um den Michelsberg eine wohlgeordnete Stadt gegründet. Das Archäologische Museum im historischen Herzogkasten stellt diesen bedeutenden Abschnitt der Stadtgeschichte ebenso dar wie frühere und spätere Epochen der Besiedelung des unteren Altmühltals. An die Zeit der Wittelsbacher – bis zum Mord an Herzog Ludwig I., genannt der Kelheimer, 1231 – erinnert ein Rest des Bergfrieds vom „Alten Schloß". Das „Neue Schloß" ist eine Gründung des 16. Jahrhunderts.
Der Besuch des weithin bekannten Wahrzeichens der Stadt, der **Befreiungshalle**, erfordert nochmals einen teils steilen Aufstieg. Auf dem Michelsberg ließ König Ludwig I. von Bayern den Monumentalbau zur Erinnerung an die Befreiungskriege gegen Napoleon 1813/15 errichten. Die Eröffnung fand 1863 am 50. Jahrestag der Völkerschlacht bei Leipzig statt. Die Architekten Friedrich von Gärtner und Leo von Klenze arbeiteten an diesem Bau ebenso mit wie der Bildhauer Ludwig Schwanthaler.
Krönender Abschluß einer Tour durch das Altmühltal ist ein Ausflug mit dem Boot durch den **Donaudurchbruch** zur Weltenburger Enge. Gemütlicher gelangt man mit dem Schiff zum Kloster Weltenburg und kann auf der Fahrt die bizarren, bis zu 130 Meter steil abfallenden Felswände im **Naturschutzgebiet „Weltenburger Enge"** vom Fluß aus betrachten.
Kloster Weltenburg zählt zu den ältesten Klöstern Bayerns. Auf mutmaßlich schon im 5. Jahrhundert besiedeltem Boden wurde Anfang des 7. Jahrhunderts vom Columbanus-Kloster Luxueuil in den Vogesen aus eine Niederlassung gegründet. Mitte des 8. Jahrhunderts wurde dieses Zentrum der Mission in ein Bene-

diktinerkloster umgewandelt. Die heutige Klosterkirche schuf Cosmas Damian Asam 1717/21; sein Bruder Egid Quirin gestaltete die erst 1743 vollendete Innenausstattung entscheidend mit. Das barocke Spiel mit Illusionen prägt die Weltenburger Kirche: Die lichtdurchflutete Kuppel geht in halber Höhe in eine bemalte Flachdecke über. Die Konventgebäude wurden gleichzeitig mit der Kirche erneuert. Die Säkularisation führte – anders als vielerorts in Bayern – nur für 35 Jahre zu einer Schließung des Klosters. Eine Brauerei soll seit 1050 bestehen; als erstes Kloster erhielt Weltenburg auch die Schankrechte. Das dunkle Bier – am besten im weiträumigen Klostergarten konsumiert – ist jedenfalls noch heute beliebt.

Archäologisches Museum im spätgotischen Herzogkasten, Ledergasse 11, Tel. (09441) 10492. Siedlungsgeschichte des unteren Altmühltals anhand von Originalfunden von der Zeit der Neandertaler bis zur Entwicklung der Stadt Kelheim im frühen Mittelalter. Geöffnet vom 1. April bis 31. Oktober täglich außer montags 10 bis 16 Uhr, sonst nach Vereinbarung.
Befreiungshalle auf dem Michelsberg, Tel. (09441) 1584. Erbaut 1842 bis 1863 zur Erinnerung an die Befreiungskriege gegen die napoleonische Herrschaft. Geöffnet 1. April bis 31. Oktober täglich 9 bis 17 Uhr, 2. November bis 31. März montags bis freitags 9 bis 12 Uhr und 13 bis 16 Uhr, samstags und sonntags 9 bis 16 Uhr. 1. November, 24./25. und 31. Dezember sowie Faschingsdienstag geschlossen, Führungen auf Anfrage.
Kloster Weltenburg, Asamstraße, Weltenburg, 93309 Kelheim, Tel. (09441) 5060, Klosterkirche, 18. Jh., erbaut und ausgestattet von den Brüdern Asam. Geöffnet täglich bis Einbruch der Dunkelheit, Führungen auf Anfrage.
Personenschiffahrt auf der Donau, Linienverkehr zwischen Kelheim und Kloster Weltenburg von Ende März bis Oktober, Tel. (09441) 5858.
Personenschiffahrt auf dem Main-Donau-Kanal, Linienverkehr von Mai bis Oktober zwischen Kelheim, Essing, Riedenburg, Dietfurt, Beilngries, Berching, Tel. (09441) 207-125 o. 21801.

Information: Fremdenverkehrsamt, Ludwigsplatz 14, 93309 Kelheim, Tel. (09441) 701234.

Bootverleih an der Altmühl

San-Aktiv-Tours, Nürnberger Str. 48, 91710 Gunzenhausen, T (09831) 4936, auch für Ornbau-Gern

Fa. Albot, Robert Bickel, Bubenheim 51, 91757 Treuchtlingen, T (09142) 6490

Frankenboot G. Egner, Dürerstraße 18, 91757 Treuchtlingen, T (09142) 4645, 4444

Marion Horsmann, Wehrwiesenstraße 2, 91788 Pappenheim, T (09143) 1275 oder 1882

Hans Rottler, Zimmern 1, 91788 Pappenheim, T (09143) 753

Inge Lippenberger, Zimmern 40, 91788 Pappenheim, T (09143) 721 o. (09145) 6260

Irene Schöppl, Zimmerf 41, 91788 Pappenheim, T (09143) 1401

Ernst Gruber, Geislohe 63, 91788 Pappenheim, T (09149) 1271

Fa. Otto Rehm, Papst-Viktor-Straße 6, 91795 Dollnstein, T (08422) 278

Jura-Café, Altendorf 35, 91804 Markt Mörnsheim, T (09145) 7199

Eva-Maria Glas, Industriestraße 18, 85072 Eichstätt, T (08421) 3055

Bootsverleih bei Fahrradgarage, Herzoggasse 3, 85072 Eichstätt, T (08421) 2110 o. 89987

Katharina Miehling, Almosmühlstraße 5, Inching, 85137 Walting, T (08426) 509

Zecherle, Alte Dorfstraße 11, 85137 Walting-Pfünz, T (08462)759

Azur-Campingplatz, Festplatz, 85110 Kipfenberg, T (08465) 588

Fa. Lauterkorn, Altmühlring 1, 85110 Arnsberg, T (08465)1623

Campingplatz Kratzmühle, 85135 Kinding, T (08461) 525

Christa Pfaller, Obere Weinbergstraße 22, 92339 Beilngries, T (08461) 8903

Boote-Weißmüller, Riedenburger Str. 65, 93309 Kelheim; T (09441) 7826

Camping- und Zeltplätze

Gunzenhausen-Schlungenhof: Altmühlsee-Campingplatz, T (09833) 9033, 9034

Gunzenhausen-Wald: Jugendzeltplatz (sanitäre Anlagen, Kiosk), T (09833) 1240, 7751

Pappenheim: Campingplatz mit Zeltplatz, T (09143) 1275, 778

Dollnstein: Campingplatz, T (08422) 846

Dollnstein-Breitenfurt: Zeltplatz (sanitäre Einrichtungen), T (08422) 567

Kipfenberg: Azur-Campingplatz, T (08465) 90 51 67

Kinding-Kratzmühle: Campingplatz (auch Ferienhäuser), T (08461) 525

Beilngries: Campingplatz, T (08461) 8406

Riedenburg: Campingplatz, T (09442) 430

Riedenburg-Pillhausen, Campingplatz Kastlhof mit Zeltplatz, (09447) 698

Kelheim, Zeltplatz (sanitäre Einrichtungen), Herrnsaaler Ring, T (09441) 9607 (5 km östlich von Kelheim)

Darüberhinaus gibt es noch eine Reihe von kostenlosen Zeltplätzen für Bootwanderer. Sie sind im Text erwähnt und in der beigefügten Bootwanderkarte eingezeichnet.

Auskunft, Information und Unterkunftsverzeichnis:

Informationszentrum Naturpark Altmühltal, Notre Dame 1, 85072 Eichstätt, Tel. (08421) 9876-0, Fax (08421) 9876-54

Gebietsausschuß „Das Neue Fränkische Seenland", Hafnermarkt 13, 91710 Gunzenhausen, Tel. (09831) 4191, Fax (09831) 80450

Regeln für das Verhalten von Wassersportlern in der Natur

Helfen Sie mit, die Lebensmöglichkeiten von Pflanzen- und Tierwelt in Gewässern und Feuchtgebieten zu bewahren und zu fördern. Viel zu viele Pflanzen- und Tierarten sind bereits in ihrem Bestand gefährdet.
Beachten Sie insbesondere die folgenden Regeln:
Meiden Sie das Einfahren in Röhrichtbestände, Schilfgürtel, Ufergehölze und in alle sonstigen dicht und unübersichtlich bewachsenen Uferpartien. Meiden Sie darüberhinaus Kies-, Land- und Schlammbänke (Rast- und Aufenthaltsplatz von Vögeln).
Meiden Sie auch seichte Gewässer (Laichgebiete), insbesondere solche mit Wasserpflanzen. Befolgen Sie in Naturschutzgebieten unbedingt die geltenden Vorschriften. Häufig ist Wassersport in Naturschutzgebieten ganzjährig, zumindest aber zeitweise völlig untersagt oder nur unter bestimmten Bedingungen möglich. Wildwasserfahrer dürfen keinesfalls das Flußbett verändern, etwa durch Ausräumen störender Felsbrocken.
Benutzen Sie beim Landen die dafür vorgesehenen Plätze oder solche Stellen, an denen offensichtlich kein Schaden angerichtet werden kann. Nähern Sie sich auch von Land her nicht Schilfgürteln und der sonstigen dichten Ufervegetation, um nicht in den Lebensraum von Vögeln, Fischen, Kleintieren und Pflanzen einzudringen und diese zu gefährden. Beobachten und fotografieren Sie Tiere nur aus der Ferne.
Helfen Sie mit, das Wasser sauberzuhalten. Abfälle gehören nicht ins Wasser, sondern in die auf den Bootsrastplätzen und Zeltplätzen aufgestellten Behälter.